はじめての
自治体会計
0からBOOK

宮澤 正泰［著］

学陽書房

はじめに

　本書は、自治体の会計事務に初めて携わる職員が、日々の業務に役立つ最低限の基礎知識と業務のノウハウを身に付けられるように書きました。すなわち、会計課の基礎が0から身に付けられる本ということで、「0からBOOK」です。

　この本を読む前に、「会計」とは何か、どんな仕事なのかを、イメージするところから始めてみましょう。

　会計は、「お金」と密接な関係があります。飲食店などで、お金を払うことを「お会計」といいますよね。飲食店の場合は、飲食を提供したことによりお金を受け取ります。この現金の取引の内容やお金の残高を記録することによって、お店はお金を管理することができます。つまり、お金の取引や管理をまとめて、「会計」と呼んでいるのです。

　では「会計」の原点はなんでしょうか？

　身近な例で考えてみましょう。例えば皆さんも子供の頃、毎月お小遣いとして「お金」をもらっていたと思います。この他にも、家のお手伝いをして1回100円をもらったとか、親戚のおじさんからお年玉をもらったなどの経験があると思います。このように「お金」が入ってきた場合も「会計」です。

　ではお金が出る場合を考えてみましょう。今月はお小遣いとして千円のお金があるから何を買おうか、お菓子や本が買えるかなどと考えたり、お年玉がある月ならばゲームソフトを買おうかと考えたりしますよね。これももちろん、「会計」です。

　これらのことを整理していくと、いくらお金が入ってきた、今いくらお金があるから、そのお金で買い物ができる、買い物をしたら手元にいくらお金が残るのかをまとめているということになります。このようなお金の整理がまさしく「会計」の原点ではな

いでしょうか。

　これらを記録するためにはお小遣い帳が必要ですし、家庭では家計簿をつけています。そう、「会計」とはお小遣い帳や家計簿をちゃんとつけることであるともいえるのです。会社であれば、どのくらい儲かったのかをきちんと帳簿につけて、儲かったお金から税金・経費を払います。

　自治体の場合でも「会計」の大まかな考え方は同じです。自治体に関わるお金の取引や管理をすることが、会計課の主な仕事といえます。特に、自治体の収入は住民からの税金が主ですので、その使い道はしっかりと記録する必要があるのはおわかりでしょう。

　自治体会計の中心は「伝票」です。この１枚１枚の伝票処理に対して会計に携わる職員が「ワンチーム」として、真摯に取り組むことが重要です。それにより、１年の集大成としての決算書が出来上がり、やがて決算書が自治体の歴史となっていきます。

　かの坂本龍馬も会計の大切さを「会計もっとも大事なり」という言葉で残しています。

　ぜひ、皆様も、この会計の仕事に誇りを持ってください。

　なお、本書は筆者が以前所属していた千葉県習志野市の例を中心にまとめています。利用にあたっては、読者の皆さんの各々所属の自治体の財政規則等と照らし合わせてください。

２０２０年６月

宮澤正泰

 はじめに

PART.1　会計担当は「お金のチェック係」

担当課 → 長 → 議会

PART.2 支出事務のきほんと進め方

PART.3　収入事務のきほんと進め方

会計担当は
「お金のチェック係」

初めて会計事務に携わることになったあなたは、

その複雑さに目を回していませんか？

でも大丈夫。誰でも最初は0から始まります。

会計担当は、一言で言ってしまえば「お金のチェック係」です。

具体的にどんなふうにチェックしているか、

自治体会計の世界と、そこでのあなたの役割を、

やさしく紐解いていきます。

01 / 会計課って そもそも 何をやるの？

▶ 会計課の仕事の目的

　この本を手に取られたということは、皆さんは「会計事務」という仕事を行う会計課（会計課以外にも出納室など呼称がありますが、本書では会計課で統一します）に配属された方が多いと思います。

　皆さんは、会計課職員・会計担当者であると同時に自治体の職員ですね。ここで、「自治体職員はそもそも何をやるのか」を考えると、おのずと会計課の仕事が何かも見えてきます。

　そこでまず、「地方自治法」という法律から紐解いてみましょう。この地方自治法とは、「自治体の憲法」といわれているものです。この法律の第1条の2の中に、次のような条文があります。

　「地方公共団体は、住民の福祉の増進を図ることを基本として、地域における行政を自主的かつ総合的に実施する役割を広く担うものとする。」

　つまり、**自治体職員の仕事とは、住民の福祉に寄与すること、**なのです。また、「住民の福祉に寄与する」ために、やはり地方自治法の第2条の中で、次のような規定があります。

　「……その事務を処理するに当っては、住民の福祉の増進に努めるとともに、最少の経費で最大の効果を挙げるようにしなけれ

ばならない。」

　自治体職員の仕事のポイントが、「**住民の福祉**」と「**最少の経費で最大の効果**」であることをここでは押さえてください。

　さて、自治体はそもそも何をするために存在するのかをつかんでもらったと思います。それでは、この目的のために、会計課にはどのような役割があるのでしょうか？

　会計課は、何か直接、住民の福祉に寄与しているわけではありません。会計課は「縁の下の力持ち」――間接的に、「住民の福祉」に寄与しているといえます。住民の福祉を行うために、さまざまな部署でいろいろな業務が行われていますが、この業務を行うために「お金」が必要になります。この**各部署の各業務が行われるために必要な「お金」を出納・保管し管理する業務が、会計課の仕事**だとまずは思ってください。

▶ 会計課の7仕事

　それではもう少し、仕事の内容を見てみましょう。どんなことをするのかをまとめたのが、次のページのイラスト「**1−1　会計課の7つの仕事**」です。これらの仕事は、やはり地方地自法第170条に例示されているものです。ただ、若い読者の皆さんの中には、見慣れない内容もあるでしょう。「地方自治法」とは、昭和22年に制定された法律で、会計や財務の規定は昭和38年に大幅に改正されてはいるものの、いずれにせよ大変古い、50年以上も前の時代背景で定められています。現在ではほぼ使わない小切手について定められていたり、当然のように使われている電子マネーやスマホ決済といった考え方が完全には盛り込まれていなかったりすることに、注意する必要があります。

　そうしたギャップがあるという前提に立って、この7つの業務を見ていきましょう。

1-1 会計課の7つの仕事

❶ 現金の出納・保管

　現金とは、お札や小銭などの
キャッシュです[※1]。それらの
お金の出し入れや保管という
仕事があります。お金に関わる
業務が会計課の業務ですので、
まさしくこれが一番の業務に
なります。

❷ 小切手の振出

　小切手とは、現金に代わる支
払いのために使用されます。小
切手に必要事項を記載し、支払
う相手に手渡すことを「小切手
の振出」といいます。小切手は
現金の代わりに相手に手渡さ
れ、受け取った人が銀行に持参
し、現金に換えてもらいます。
最近では、相手先の銀行口座に
振り込みを行うほうが安全かつ
迅速なため、小切手を使用する
機会は減っています。

3 有価証券の出納・保管

　自治体は現金のほか有価証券を取り扱います。有価証券とは、国債証券や株券など、その所持者が財産権を証明する証書のことです。自治体もこれらを購入する場合があり、有価証券は、現金に換金が可能な財産であることから、現金と同様に会計課の仕事になります。

4 物品の出納・保管

　物品は、自治体が公共の福祉の仕事をする上で必要な「財産」であるため、物品の出し入れ、保管は会計課の仕事です。具体的には、物品の実際の交付、受領と受領から交付の間における管理です。ただし、「使用中の物品に係る保管」は会計課によるものではなく、当該物品を使用している職員（担当課）の責任で行われます。

5 現金・財産の記録管理

1〜**4**までで説明した、現金・財産の出納・保管等については、記録管理が必要です。具体的には、現金の出し入れや財産の購入・廃棄といった記録を会計帳簿や伝票等に整理し、収支変動の経過を明らかにします。

6 支出負担行為の確認

自治体が現金を支出する場合には根拠が必要です。この根拠を「支出負担行為」といい、これは自治体の「長（市長・町長など）」の権限です。この根拠が正しいかどうかを確認します。つまり、自治体の長から支出の命令を受け、この支出の支出負担行為が法令または予算に違反していないこと、また、この支出負担行為における債務（支払いの義務）が確定していることなどを審査・確認するのが会計課の仕事です。

7 決算の調製

決算の調製とは、1年間の自治体のお金の動きや財産の状況をまとめることです。このとき①「歳入歳出決算書」、②「歳入歳出事項別明細書」、③「実質収支に関する調書」、④「財産に関する調書」※2という書類を作り、これらを自治体の長に提出し、監査委員の審査の後、議会の認定を受けます。

※2

決算調製時の書類の概要

①歳入歳出決算書…………お金の出入りの大項目である「款」と中項目である「項」をまとめたものです。

②歳入歳出事項別明細書…大項目の「款」と中項目の「項」のさらなる内訳である「目」や「節」としてまとめたものです。

③実質収支に関する調書…次の年度に繰り越されるお金の内容を整理したものです。

④財産に関する調書………その名前の通り、財産の状況をまとめたものです。具体的には、「公有財産」「物品」「債権」および「基金」の区分ごとに前年度末残高、決算年度中の増減高、決算年度末残高を表示します。

02 / 会計の基礎仕事 収入&支出の基本

自治体の「お財布係」？

　以上の7つの仕事から、会計課の仕事は「お金の流れを決算という形でまとめる」という大事な仕事だとわかったかと思います。つまり、会計課は「役所のお財布係」ともいえます。次は、その「お財布」にお金が入ってくる流れと、お金が出ていく流れを説明しましょう。

　その前に、役所の「お財布」について説明をします。お財布にはもちろん、お金を入れますが、お金とは、一般に「現金」を指します。現金とは、現金通貨のことで、現金通貨とは日本を例にすると、日本銀行券の紙幣と政府発行の硬貨になります。

　お財布係とはいっても、多額の現金を手元に置くことは紛失や盗難のリスクがあります。そこで現在は、金融機関を指定して、お金を預金として預けておくことが一般的です。すなわち、**この金融機関の預金口座を、「自治体＝会計課が管理するお財布」**だと思ってもらえればわかりやすいと思います。この銀行は、自治体のメインバンクということで**指定金融機関**と呼ばれています。

　指定金融機関の口座の名義は、自治体の長ではなく、会計課のトップである「会計管理者」の名義になっています。このことからも、会計課は役所のお財布係だということがわかります。

▶ 収入の流れ

まず、自治体のお財布にお金が入ってくる流れ、すなわち指定金融機関の口座にお金が入ってくる流れを見ていきましょう。ここでは、固定資産税の納入という例で確認します。

自治体の収入は、商品を売って現金を受け取る場合は稀です。

1－2　収入の流れ（原則）

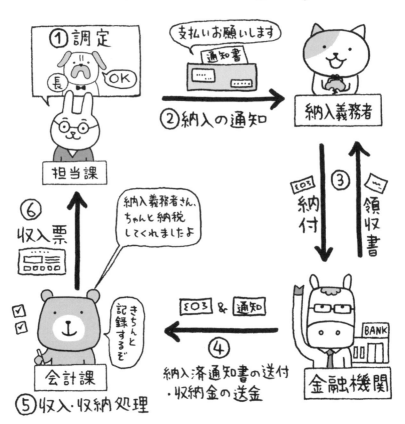

主に税収で指定金融機関の口座に入金される＝お財布にお金が入るという流れになっています。

1 固定資産税（として徴収する金額）を調定

　土地・家屋などの固定資産の所有者に対して、固定資産の評価を行い、長が、定められた税率により徴収する税額を決定します。

2 納入通知書の発送

　固定資産税の所管課が、固定資産税の税額などを記載した納入通知書を納入義務者に発送します。これを受けた納入義務者は、金融機関等で支払いをします。

3 納入義務者の支払い

指定金融機関の他、自治体が指定した収納代理金融機関で支払うことが可能です。もちろん役所の窓口で支払うこともできます。

金融機関は納付を受けたら納入義務者に領収書を渡します。

また、その他に、コンビニ納付や口座振替などの方法で支払うことができる場合もあります。

4 指定金融機関の確認

指定金融機関では自分達の店舗に加え、収納代理金融機関で納入した金額や納入済通知書等の書類、その他電子納付等の内容が正しいかなどを確認して、その日の収入の日計表を作成します。

指定金融機関は納入通知書等の書類を会計課に渡すとともに、納入義務者から受け取った現金を指定金融機関の会計管理者口座に入金します。

5 会計課による収入（納）処理

　会計課は指定金融機関から受け取った納入済通知書等の内容を確認します。収入の内容ごとに整理して財務会計システム[※3]に入力をします。例えば「〇月〇日　固定資産税が〇〇〇円」という内訳になります。

※3
財務会計システム
　自治体の予算編成や収入・支出の執行管理を行い、決算資料を作成するシステム

6 担当課に連絡

　会計課から固定資産税の所管課に入金のあった内容（収入票）と納入通知書等を送付します。

　担当課では調定した内容も確認して個人ごとの納入状況等を確認します。

　支払いがない納入義務者に対しては督促状等の発送準備をします。

▶ 支出の流れ

　同様に、自治体の支出の流れについて説明していきます。

　ただし、支出は収入よりも一手間必要になります。その一手間とは、「予算」です。自治体の会計課で社会人経験をスタートさせる人にとっては、「予算」のイメージすらあやふやかも知れません。そこで、「予算から支出まで」のお金の流れについて、自治体が事務机を買う場合を例にとって詳しく説明していきます。

1－3　支出の流れ（原則）

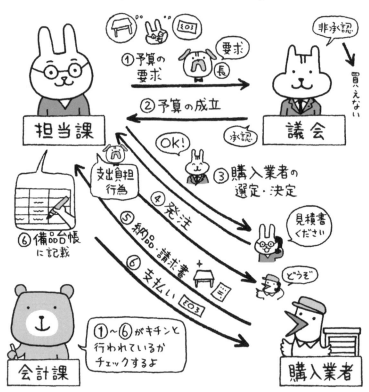

❶ 予算の要求

　事務机を購入する場合は、どのような事務机をどれくらい購入するのか、いくらくらいの予算（お金）が必要なのかを調べるために、仮見積書をとったり、カタログ価格比較といった調査を行ったりします。

机が壊れてしまったので机を買うための予算をください

必要そうだな。よし議会に要求しよう

検討しましょう

担当課　　長　　議会

　事務机の購入予定金額が決まったら、長の了解の元、財政当局に予算要求を行います。

❷ 予算成立（議会での承認）

　その事務机が「来年度以降の事業に必要なのか？」「大きさや単価は適正なのか？」「リースで借りた場合との比較は？」などの厳しい査定を経て、最終的に議会で予算案が承認される必要があります。

○○の理由で机の購入が必要です

なるほど。確かに必要ですね

承認

長　　議会

事務的には、長の指示により財政課が担当

❸ 購入業者の選定・決定

　予算が成立した年度において、具体的な購入の手続きに入ります。予算とは事務机を購入できる価額（消費税込）の上限ということです。一般的には、ここで、購入が認められた事務机の仕様書の要件を満たす商品の見積書を、複数の業者から取り寄せます。その上で、見積金額が最も低い業者と購入の契約を結びます。

❹ 支出負担行為・発注

　契約日の日付で、事務机購入の「支出負担行為」という伝票の起票を行います。これは、事務机を購入する決裁を長から得るためです。ここで、正式に購入業者に事務机購入の発注を行うことができます。

5 納　品

　事務机の納品を確認します。「履行の確認」ともいわれ、重要な作業です。納品書を受け取り、契約した事務机が確かに納品されたのかを確認します。確認後は納品書に「検収済」と記入し、確認した職員の印鑑を押印することが一般的です。

6 請求書の受理・支払い

　事務机の納品を確認したら、購入業者から請求書を受理します。その後、購入業者に支払いを行います。通常は購入業者の指定口座に振り込みで支払います。

　その後、担当課にて購入年月日、購入金額などを備品台帳に記載します。

❯ 支出に関わる複雑な過程

「モノを買う」という単純な行為でも、自治体では時間がかかってしまう理由の1つに、**購入の意思が芽吹いてから実際に購入するまでの間に関わってくる人の数が多い**ということがわかったかと思います。ここでは会計担当者を取り巻く組織について説明します。イラスト1－4を見てください。

1－4　会計課を取り巻く人々・組織

※ ▨▨▨内が会計課以外の部署の職員である場合、現金・物品の収受をするときは
　会計機関の一員として、そうでないときは長の組織の一員として数えられる

28

自治体の会計課に配属された会計担当者の上司は**課長**ですが、この課長は自治体の**長の組織**の中での役職です。しかし、**会計担当の組織は、長の組織とは違う組織「会計機関」として存在し**ています。つまり、別の誰かが、長から独立した組織を作っていることになります。その誰かとは「会計管理者」です。地方自治法第 168 条においては、自治体の会計事務を司るものとして、**「会計管理者」1 人を置く**と定められています。すなわち、自治体の数だけ「会計管理者」がいるということです。会計管理者は、お金を取り扱う責任者であると考えてください。

　しかし、会計管理者だけですべての会計事務を行うことはできませんので、事務を補助する職員として**出納員**が置かれています。出納員は長の組織の課長が兼ねることが多いです。主に刊行物の販売代金の収納や税金などの現金での収納を行います。

　出納員はその業務の責任者ですが、すべてを行うことができないので、部下の何人かを、業務を補助するための**現金取扱員・物品取扱員**として任命しています。会計課職員は、基本的には現金管理も物品管理もできる「会計員」と呼ばれています。このほかに、会計管理者を補助する組織として、**金融機関**があります。これらは、長の組織から独立した**会計機関**です。

　自治体の職員である会計管理者は、職員ではなく議会での承認が必要な特別職である収入役という時代がありました。現在の会計管理者は職員の中から選ばれ、長から辞令を受けますが、組織としては長の組織とは別ということになります。言い換えれば、長の下に会計管理者がいるということでなく、独立した組織のトップであるということです。地方自治法第 169 条の規定では仮に会計管理者と長が親子、夫婦、兄弟姉妹の関係になったら、会計管理者はその職を失うと規定されています。

　なぜここまで徹底して、会計課は「独立」しているのでしょうか。それには、自治体会計の「目的」が関係しています。

▶ 自治体会計の「お目付け役」？

「会計」とは、実はお金を管理するだけではありません。

企業の場合は、「利益を獲得すること」が目的ですので、儲かったかどうかの点からお金の出し入れを計算しています。企業では、「売掛金」といった「将来お金になるもの」（例：ある商品を作ったとき、製造にかかったお金や、商品を売り上げるための営業費などを加えた売り上げの見込み、すなわちまだお金にはなっていない将来的な売り上げ）を含めて計算するために、「発生主義会計」といわれる会計の考え方を採っています。

対して自治体の会計は、**お金の入出金を記録する「現金主義会計」**です。家計簿やお小遣い帳などと同じで、実際に発生したお金のやりとりで計算していく考え方です。この会計手法は、お金の使い道をしっかり管理する目的の制度であり、利益獲得のためではありません。

自治体の目的は「住民の福祉の向上」です。そのために道路や公園の整備などを行い、こうしたお金の使い道の範囲内（予算）でお金を支出しています。企業と自治体の違いは、自治体ではこの予算づくりの部署とお金の管理する部署が異なるという点にも表れています。これは、自治体は「住民の福祉の向上」が、企業は「利益獲得」が目的であることに由来します。

自治体のお金の使い道を決める「予算」づくりは、会計課の仕事ではありません。それは、財政課の仕事です。会計課の仕事は、予算で決められたお金の使い道をチェックすることです。自治体は、住民から税収という形でいただいたお金からなる無駄遣いの許されない予算を管理していますから、厳重にお金の使い道をチェックしなければなりません。そのため、財政課から独立した「チェック機関」が必要になります。

一方、企業の場合は、財政部門と会計部門が一緒になった「経

理課」という部署があるのが一般的です。すなわち、予算をつく
る部署と、予算を管理する部署が一緒になります。利益獲得が大
きな目的で、スピード感や人件費のかかる手間を省くことも重要
視されるので、経理課としてまとめられていた方が都合の良い場
合が多いのです。

　自治体の会計課とは、自治体のお財布係というだけではなく、
「お金をこのために使いたい！」と言ってきた使い手（各部署）に
対して、「本当にその金額で計算間違いがないだろうね？」「支払
いに必要な書類がちゃんと揃っているよね？」と細かく確認する、
お目付け役ともいえます。

03 / 会計の基礎単位 「款」「項」「目」「節」

▶ 「款」「項」「目」「節」とは?

　ここまで、会計の基本的な仕事の概要と会計の基礎知識を見てきました。ここで、会計の基礎知識の締めくくりとして、会計の基礎単位である「款」「項」「目」「節」の解説をしていきます。これは、収入事務にも支出事務にも必要な知識です。ここまで、**7**「決算の調製」(P.18 参照) の実務の中で、さまざまな書類を作る際に出てきました。

　「款」「項」「目」「節」とは、お金の入出金を区分するときに使う名称です。「款」は最も大きな区分、次に「項」「目」「節」と続きます。この「款」「項」「目」「節」は住所のようなものです。例えば、**日本は「款」、千葉県が「項」、習志野市が「目」、「津田沼」が「節」**ということです。具体的に、自治体に税金が入ってくるときの場合で考えると、「款」＝市税、「項」＝市民税、「目」＝個人の納付税額、「節」＝現年課税となります。お金が出ていく場合だと、「款」＝教育費、「項」＝小学校費、「目」＝学校管理費、「節」＝備品購入費というイメージです。

　より身近に捉えてもらうために、個人の収入と支出の例を、**1－5**のように仕分けました。自治体での詳しい例は、収入の場合はP.127－131、支出の場合はP.72－73に表を示しています。

1−5 個人の「収入」を款・項・目・節化

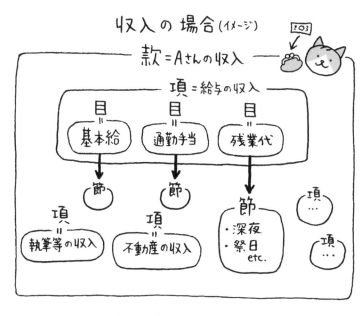

1−6 個人の「支出」を款・項・目・節化

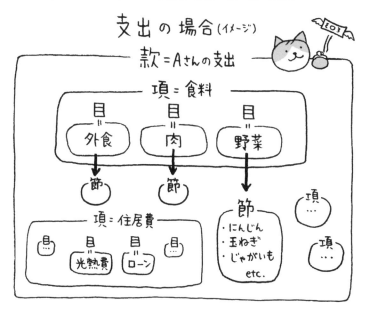

04 / 1年間の目標 「決算」

❯ 1年間の目標は「決算」

では、会計課には目指すべき1年間の目標はあるのでしょう。

会計課の1年間の目標は、一言でいうと**決算報告をちゃんとやること**です。地方自治法の第233条で「**会計管理者は、毎会計年度…決算を調製し、出納の閉鎖後3箇月以内に……長に提出しなければならない。**」とされています。この期限を遅延したときは、職務怠慢でありその責を免れないとの裁判判例もあります。

❯ 会計期間の出納整理期間

決算の作業にあたって、まず理解してもらいたいのが、1年間とはいつからいつまでのことを指すのかということです。自治体の1年間を「会計期間」と呼びます。

自治体は、4月から翌年の3月までが**会計期間**です。これは、予算で定められた**会計年度**であるともいえます。この2つの用語の違いは、後者が、**予算で認められた**金額の支払い期間であるという意味を強調している点です。

本来なら、この支払期間である年度末までに収支の原因が発生したものすべてをその年度の収支として整理し、現金での支払い

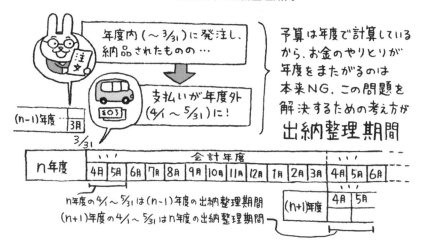

を終了する必要がありますが、自治体では、救済措置として**出納整理期間**という独自の考え方を採用しています。

　なぜ、救済措置が必要なのでしょうか？　例えば、現実に、3月31日に収入や支出の発生した債権債務に対して、3月31日までに現金の収納を行い、指定金融機関にて出納事務を完了することは、作業上不可能だからです。そのため、3月31日の翌日の4月1日から5月31日までの間に、該当年度の未収・未払いのお金を整理する期間が設けられています。この期間を「出納整理期間」というのです。4月と5月は、**1－7**のイラストの通り、2か年度の会計期間に含まれていることがわかると思います。

　具体的な事例で説明します。例えば、令和2年度（令和2年4月1日～令和3年3月31日）の予算で事務机を購入することが議会で認められたとします。そこで、令和3年3月30日に納品を確認して、購入業者から請求書をもらいました。その事務机の代金を、令和3年4月20日に支払いました。この場合はどちらの年度で事務机を購入したことになるのでしょうか。現金主義で考えると、現金を支払った4月20日の年度である令和3年度に

04

1年間の目標「決算」

購入したことになります。しかし、予算は令和2年度のため、この年度でしか購入ができません。そこで考えられたのが、「出納整理期間」です。この期間、つまり翌年度の4月1日から5月31日までに支払った分を、前年度の3月31日に支払ったことに整理するための制度です。

また、出納整理期間の最後の日、すなわち5月31日を「出納閉鎖日」といいます。この日までに現金の未収および未払いを整理するという重要な日になっています。ただし、3月31日までに債権債務が発生していることが前提です。つまり、歳入の調定（収入すべき金額について調査し決定すること）および支出負担行為（P.48参照）（長が決定した支出すべき金額について調査し追認すること）を3月31日までに終わらせている必要があります。

▶ 所属年度

会計年度と出納整理期間を理解した上で、覚えてほしいのは**所属年度**です。所属年度とは、該当する自治体の収入および支出が行われた年度のことで、いずれの会計年度に属するのかは必ず区分する必要があります。1つの会計行為である履行確認日と支払日が2か年度にわたる場合に、所属年度を明らかにするための基準が必要となることが、P.35の例でもわかります。

会計年度の考え方は、原則として、債権債務の関係が発生した日の属する年度とする発生主義を採ります。しかし、予算・決算については、現実に現金を収納または支出した日の属する年度（所属年度）とする現金主義が採用されています。これを調整するために、4月1日から5月31日までの出納整理期間の現金の収受は、3月31日までに行われたとするように考えます。これを「修正現金主義」といいます。自治体の会計は現金主義会計ですが、会計年度については発生主義の考え方が採用されています。この

点が、自治体の会計の理解しづらいところかもしれません。

❯ 一般会計と特別会計

　これまで、会計管理者管理の自治体の口座＝自治体のお財布という表現を使いましたが、実はこれは自治体のいくつもある小さな財布の集合体のことです。会計の区分ごとに財布があるのです。

　自治体の会計は、「一般会計」と「特別会計」に区分されています。他団体との比較や経理の煩雑さを避けるためには会計は単一であることが望ましいはずです。しかし、独立した会計として処理するほうがその収支が明確になります。

　一般会計とは、自治体の基本的な経費を網羅的に計上した会計で、特別会計に計上される経費を除くすべての経費を処理することとされています。家庭に置き換えれば、日常の衣食住の経費を賄うためのお財布です。

　特別会計とは、特定の収入を充てて行われる国民健康保険事業や介護保険事業等といった事業の会計のことで、経理を明確にするために一般会計と区分するために設置された会計方法です。個別に管理されているお財布です。

　例えば、介護保険事業は「介護保険特別会計」という特別会計を設けています。これは高齢者の介護サービスや介護支援を保障するための社会保険制度の一種であり、介護保険法に基づいて実施されています。この事業では、介護保険の被保険者からの介護保険料収入や国や県からのお金、一般会計からの繰入金などで被保険者に対してさまざまな介護サービスを提供しています。このような事業を今後どのようにしたらよいかを考えるためにも経理を明確にし、お財布を別にしておくことが必要なのです。

05/ 会計課は何を チェックするの?

🔘 気をつけるべき3つのチェック

会計担当者は、特に何に気をつけて仕事をすべきでしょうか。

会計課がチェックしていることは3つあります。それは、**法令・予算・債務の確定**です。

🔘 法令のチェック

第一に気をつけることは、**法令に違反していないかどうか**の視点です。法令とは法律、政令、自治体の条例や規則などのことで、何を審査するかによって確認する法令は異なります。ここでは、会計課の業務で頻出する法令を例にとって説明します。

会計課で使う主な法令は、**地方自治法・地方自治法施行令・財務規則**の3つです。お金の出し入れ、すなわち自治体の会計のルールの基本が定められています。何よりもまず先に、これらの法令に従った会計処理をしているのかを確認する必要があります。

その他に、「なぜお金をもらうのか／支払うのか」の理由によって、守らなければならない法律があります。以下に挙げた例は、その代表的なものです。

❶ 所得税法

　所得税とは、個人の収入（所得税法では「所得」）に対してかかる税金で、これを定めた法律が所得税法です。会計事務と関係なさそうですが、自治体も、個人に対し収入（所得）となるお金を支払う場合（職員の給料や講師謝礼、扶助費である生活保護費等）があり、所得税法のチェックが必要になります。それらは、どのくらい税金を取る必要のある収入なのかや、生活保護費等の扶助費は非課税となっていることなども理解しなければいけません。課税する場合は、自治体が個人の収入から差し引いて直接に支払う内容（「特別徴収」といいます）なのか、などを確認するのです。

❷ 消費税法

　消費税は、消費に対して課される税金です。自治体も、公用車や事務用品などさまざまな物を購入したり、清掃や修繕などの役務の提供を受けたりしますので、消費税法の規定により消費税をどれだけ支払う必要があるのか、または不要なのかを確認します。

❸ 印紙税法

　印紙税は、契約書等の文書に対して課税される税金です。自治体も契約の当事者ですので、契約行為を行う場合に、定められた印紙が契約書に貼付されているのかを確認する必要があります。同じ契約であっても、企業の契約書には印紙税が課税されますが、自治体の契約書は、印紙税法の規定により非課税であることも、注意が必要です[4]。

※4

　契約によって企業は利益を得ますので、応分の負担（税）の支払いを求められています。一方、国や自治体は契約の安定性のために法令を整備していることや、そもそも住民からの税金で行う取引（契約）であり、営利を目的としていないなどの理由から、非課税となっています。

④ 政府契約の支払遅延防止等に関する法律

　政府契約の支払遅延防止等に関する法律には、政府だけではなく、自治体についても契約の支払期日が決められています。したがって、その期日が守られているのかどうかを確認します。

　以上の法令の関係性を示したのが、イラスト１－８です。会計課の仕事は、関係する枝葉を１つずつチェックしていかなくてはなりません。

　これら以外にも守られなければならない法令があります。会計担当者は、主な法令の内容は覚えておきましょう。

１－８　法令の関係のイメージ

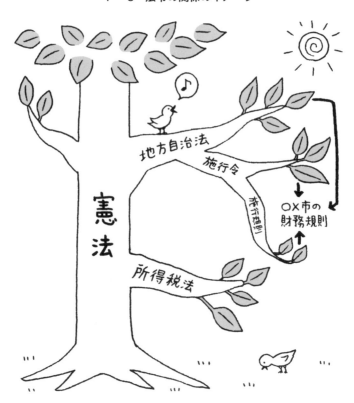

▶ 予算のチェック

　法令に違反していないかをクリアした次に気をつけることは、「予算を守っているかどうか」です。

　予算には、収入の予算と支出の予算がありますが、特に支出の場合が重要です。なぜなら、予算額を超える支出ができないため、ミスが許されないからです。

　では、「予算」を守っているかどうかは、どのようにしてチェックすればよいのでしょうか。コピー用紙を購入する例で考えます。

❶ 予算（歳出）科目が設定されているのか？

　予算額は、その内訳でどこの部署のどのような経費かが決められています。例えばA課の〇〇事業の中に「消耗品費（コピー用紙は消耗品費になります）」という予算（歳出）科目[5]が設定されていなければ、緊急にコピー用紙が必要になったとしても支出ができません。どうしても必要な場合は、予算措置（予算上の裏付けをすること。ここでは、予算として計上し直す手続をいいます）をする必要があります。

※5

　「予算科目」は予算のときに定めた科目（「款」「項」「目」という区分）で、実際にお金を執行することを「支出」といい、このときは「支出科目」と呼ばれます。また、1年間の合計額を「歳出」といい、このときは「歳出科目」と呼ばれます（P.70参照）。

❷ 歳出科目の予算の範囲内であるのか？

　経費は予算措置をされている金額の範囲であることが必要です。仮に❶の事例の消耗品費が5万円だったとします。その場合は、5万円を超えるコピー用紙は購入できません。必要であれば、予算額の増額をする予算措置が求められます。

❸ 支出の内容が歳出科目の目的に適合しているのか？

　また、目的に適っているかも重要です。例えば、住民にお知らせするパンフレットを作成する目的で印刷製本費の予算措置をしてあった場合で、印刷業者に発注しようと思ったところ、期日までの納品が間に合わないことがわかったとします。そこで、職員が急きょ、コピー機でパンフレットを作成するためにコピー用紙を購入した場合、そもそも印刷製本費の予算を確保してあり、目的も同じなので印刷製本費として執行していいのでしょうか？しかし、コピー用紙は消耗品費で購入するというルールがありますので、消耗品費の予算から支出しなければなりません。

❹ 金額の妥当性はどうなのか？

　コピー用紙といっても、資料用にコピーするためのものが必要であったり、その色や厚みが異なったりする場合があります。その目的に合ったコピー用紙について、複数の業者から見積書をとるなど、金額の妥当性をチェックする必要があります。

❺ 今、支払うべきものなのか？

　よくある事例ですが、年度末に消耗品費の予算が余りそうだから、まだ在庫は十分あるにもかかわらずコピー用紙を大量に注文してしまったとします。しかし、使用するのは次年度以降のはずです。本来であれば、次年度以降の予算で購入するべきです。

❻ 支出の原因となる行為自体がそもそも必要なのか？

　予算措置の内容では、かなり詳細に使う内容を決めています。しかし、コピー用紙等の消耗品費などは詳細には決められていない場合もあり、過去の決算に基づいて定額とする場合があります。この場合でも、予算措置の範囲内であれば、どんな物でも購入で

きるわけではありません。事業に直接必要がない色つきの紙や、既に在庫はあるもので特には必要のないものの、予算があるからなどといった理由でコピー用紙を購入することは、許されません。この点も会計課がチェックします。

　ただし、このような事例は、会計課での形式的な伝票審査の過程ではわからない場合もあります。そもそも予算は財政課の権限ですので、このようなチェックはなかなか出番がないのが実態ですが、考え方は理解しておきましょう。

　以上6点が、予算の確認の際に必要なチェック事項です。イラスト1－9の通りになります。

1－9　予算の確認のチェック事項

「予算の定めるところに従い」とは
〜 コピー用紙を購入する場合〜

① 歳出科目が設定されているか

② 歳出科目の予算の範囲内か

③ 支出の内容が歳出科目と一致しているか

④ 金額の妥当性はどうなのか

⑤ 今、支払うべきものなのか

⑥ 支出の原因となる行為がそもそも必要なのか

❯ 債務の確定

　さて、支出をするとき、「法令」と「予算」に違反していないことが前提条件となることを、ここまで確認してきました。その上で重要なポイントは、**債務が確定しているかどうか**です。

　そもそも、債務とは、会計の場面では「支払いの義務」のことをいい、債務が確定しているという要件が満たされて初めて、お金を正当債権者（支払われる権利がある人）に支払うことになります。自治体は「後払い」が原則で、債務が確定しなければ支払うことができないのだということを覚えておけばいいでしょう。

　では、債務の確定はいつなのでしょうか。また、予算の内容によって確認する書類などが違う場合もあります。

1 物品の購入

　物品を購入したときは、その物品の納品を確認したときが債務の確定となります。この場合は、購入業者から「納品書」をもらい、その内容通りの物品が納品されたことを確認して、請求書を受け取ります。受け取った職員（物品を受領した、会計管理者の組織の物品取扱員といった身分の職員）が、納品書に「検収印」を押して、請求書を受け取るという流れが正式ですが、業者の手間を省くため、納品書と請求書は一緒にもらうのが一般的です。

2 修繕など

　修繕などは、その修繕の終了を確認したときが、債務の確定となります。この場合は作業の完了届を受領するか、金額が僅少の場合は、自治体の規則で、請求書に検収印をすることで代用する場合もあります。

3 役務の提供・委託料・工事など

　このような場合は、契約書を締結する場合が多いですが、債務の確定は作業や工事の完了を確認したときです。この場合は完了届や作業報告書などで確認する必要があります。

　以上をまとめたのがイラスト**1 − 10**です。この「債務の確定」は、非常に重要ですので、第2章中、「履行の確認」ということで詳細に説明をします。

1 − 10　債務の確定までの流れ

予算の内容	債務の確定	確認のための必要書類
物品の購入	物品の納品を確認したとき	納品書 消しゴム1個 納品しました
修繕など	修繕の終了を確認したとき たしかに直していただきました	完了届 窓ガラスの修理完了しました
役務の提供など 工事 委託料	作業や工事の完了を確認したとき 新庁舎	完了報告書　作業報告書

PART.2

支出事務の
きほんと進め方

自治体会計の仕事を大きく2つに分けると、

支出事務と収入事務になります。

そのうち、支出事務は、特に大切です。

なぜかというと、自治体の支出とはすなわち、

税金を使うことだからです。

会計課は、住民の方々に納得していただけるような、

正しいお金の使い方ができているか確認する、最後の砦なのです。

01 / 支出負担行為と支出命令

支出事務の根拠

支出負担行為って何？

まず、そもそも自治体の支出の前提知識となる**支出負担行為**とは何かを理解していきましょう。

支出負担行為とは、**自治体の債権者に対する支出の原因となるべき契約その他の行為**をいいます（地方自治法第232条の3）。つまり、自治体が物品の購入や役務の提供を受けた債権者（ここでは自治体に対してお金を請求する権利を持つ人のこと）に対してお金を支払う根拠のことで、自治体がお金を支払う場合は、ほぼすべてに、支出負担行為が発生します。

代表的な支出負担行為の原因は次の通りです。

---

① 私法上の債務を負担する行為（物品購入等）
② 公法上の債務を負担する行為（補助金等）
③ 自治体の不法行為に基づく損害賠償の支出を決定する行為
④ 給与その他の給付の支出を決定する行為
⑤ 各会計期間の繰り入れを決定する行為

すなわち、支出事務とは「支出負担行為➡支出命令➡支払い」という流れで行われる予算執行の要の事務手続であり、これをせずに支出をすることはできません。

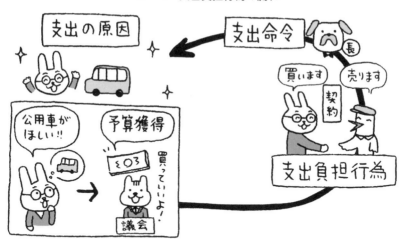

2-1 支出負担行為の流れ

支出負担行為の4つの原則

　支出負担行為には、以下の4つの原則があります。これらが守られていない場合は、支出負担行為として認められません。

1 法令等に違反していないかを確認する

　「法令等で義務付けられた支出であるか」「法令等において定められた支出であるか」「法令等において制限、または禁止された事項にかかる支出でないか」を確認する必要があります。

2 予算に基づいているかを確認する

　予算に基づいているかどうかの視点として、「執行する歳出科目があるか」「その科目の予算の範囲内であるか」「予算の目的に適合しているか」を確認する必要があります。

3 予算執行計画に準拠して行う

1年間の予算執行計画の中で、いつどのように予算執行をすることになっているかを確認します。

予算は、歳入と歳出が同額になるように計画されています。このことから、入ってくるお金と出ていくお金が同じであれば、通常はお金が足りないという事態にはなりません。しかし**自治体では、支出が収入より先に行われることがよくあります。**

例えば、国の補助事業である道路工事の場合など、工事に伴う業者への支払いは先に行われます。しかし、国からの補助金収入は工事の履行の確認が終了した後になるため、補助金を受け取るまでは一旦、自治体のほうで工事代金等を賄わなければいけません。そのときにお金がない場合は、自治体の貯金である基金から一時的に借りるのか、または金融機関から一時的に借りるのかの判断をしなければなりません。そのため、**どの時期にお金が入ってきて、どの時期にお金が出ていくのかを事前に確認する必要がある**のです。特に、多額なお金が出る場合などは事前にその時期を確認し、計画通りなのかを確認することが重要です。

4 予算の目・節の区分に従って行う

支出の内容は、予算の目・節で区分されています。あらかじめ、それぞれの目的にあった内容で支出負担行為が行われているのかを確認する必要があります。

▶ 支出負担行為兼支出命令決議書の意義

本来であれば、支出負担行為には、その概要を示した支出負担行為単独の伝票が必要です。しかし、多くの自治体で、**支出負担行為の伝票と支出命令の伝票が同時に整理できる1枚の伝票が**

使われています。この伝票の呼称は、自治体によって異なっていますが、本書では、「支出負担行為兼支出命令決議書」とします。

　例えば、支出負担行為は「この筆記具を買っていいですか？」と購入前に行うもので、支出命令は「筆記具を買ったので代金を払ってください」というものです。すなわち、筆記具を買う前と後で時間的なずれが必ずあります。このような同時整理の考え方は、矛盾を含んだ制度なので、自治体によって考え方の差異がありますが、ここでは一般的な考え方を紹介します。

　支出負担行為兼支出命令決議書という制度は、財務会計の電算化と伝票事務の効率化を図る目的で例外的に認められた制度です。繰り返しになりますが、本来であれば、筆記具などの消耗品を購入するとき、支出負担行為により支出の根拠があるということで「筆記具を購入する」という「支出負担行為の伝票」を起票します。そして筆記具を注文し、納品が確認され、購入業者からの請求書を受理し、このときに「支出命令決議書」を起票する流れです。

　しかし実際は、筆記具を注文したとしても、納品が確認されるのは翌日以降であることが普通です。自治体は後払いが原則ですから、納品を確認後、業者からの請求書を受理し、そこから「支出負担行為の伝票」と「支出命令決議書」を起票しています。このように、支出負担行為と支出命令には、どうしても時間的なずれが発生してしまい、なおかつ、「支出負担行為の伝票」と「支出命令決議書」の内容自体は共通のものが多いので、それぞれの発行は、非常に非合理的になってしまうのです。このことから現実の実務を考慮して簡易な取引については、支出負担行為兼支出命令決議書の伝票を使用している自治体が多いです。

02 / 履行の確認・完了報告書等

支払いまでの手順

履行の確認

　物品購入または工事の完成や役務の給付などの対価として支出するためには、**必ず履行の確認**をしなければなりません。自治体は後払いが原則なので、購入した物品や修繕の完了を確認しなければ、支払いができません。例えば、物品の注文であれば、その物品が納品されたのか、修繕であれば、その修繕が確かに終了したのかを確認しなければ支払わないのは当然です。

　履行の確認行為とはそのための**検査（検収）**をすることです。

　検査（検収）とは、工事などの請負契約、または物品の購入その他（清掃や修繕などの役務の提供を含みます）の契約に基づいて、契約の相手方が契約の物品を売り上げるにあたって、その品質、規模、性能、数量等が契約内容通りに履行され、かつ適合しているかを自治体側で確認する行為のことです。確認が済めば、納品書（完了届等）の書類に、確認をした職員の印鑑を押す形で検収という行為が完了するのが一般的です。ここで確認する範囲や金額要件等は自治体により異なり、財務規則等で規定されることが一般的です。ここでは、筆者が所属していた習志野市での取扱いを紹介します。検収印が必要な書類は主に以下の通りです。

- ・物品購入の納品書
- ・食糧費・賄材料費の請求書（納品書のある場合はその納品書）
- ・10万円以下の請書（契約書を省略した場合の誓約書）
- ・役務費の請求書（電話料を除く）
- ・使用料および賃借料の請求書

　検収印が不要なケースはいくつかあります。そもそもお金を支出するときに履行の確認ができない場合がその例です。「資金前渡」「概算払」「前金払」など、支出の特例として認められた場合と、リサイクル料金などです。リサイクル料金とは、例えば自動車の場合、「使用済自動車の再資源化等に関する法律」（自動車リサイクル法）により、廃車する際のリサイクル料金を、新車購入時に支払うこととされているものです。したがってこれは、検収印そのものが押印できない事例ですので、検収印は不要です。

❯ 完了報告書等

　検査（検収）よりもしっかりと確認したほうがよい場合は、**完了報告書**などにより確認します。「完了報告書」「完了届」「作業報告書」など履行を確認する書類をひっくるめて、「完了報告書等」と呼びます。これらが必要な場合は、以下の通りです。

執行内容	履行を確認する書類
物品の購入	納品書
修繕費	完了届
役務の提供（役務費）	完了届・作業報告書など
委託料	完了届・作業報告書など
工事請負費	完了届・完成通知など
補助金	実績報告書

これらは、債権者からの業務・作業の終了の通知を意味するものです。**これらの完了報告書等をもって履行の確認をすることにより、債権者に対する債務が確定する**という意味で、とても重要です。物品等の履行の確認は客観的でわかりやすいのですが、清掃等の役務の提供など契約書を取り交わした業務などは、契約書通りに業務が行われたのかを確認するために、この方法が採られています。

　履行の確認行為として、完了報告書等の提出を必要とする主な例に「委託料」や「工事請負費」などの支払いがあります。これ以外に、一部契約上で完了報告書等の提出が義務づけられている「役務費」や「使用料及び賃借料」も対象です。また、「請書」により修繕を依頼した「修繕費」も完了報告書の対象となります。

　完了報告書等がある場合の履行の確認方法は、完了報告書等の書類に自治体が完了を確認したとわかる表現で証明することが一般的です。具体的には、「修繕の場合➡市庁舎玄関タイルの修理の完了を確認しました。」「委託の場合➡市庁舎警備委託業務○月分の完了を確認しました。」といった表記の仕方が想定されます。

　このような証明は、「確認をした者の証明」というより、「自治体の組織として証明をする」必要から、所定の決裁（通常は、支払処理の決裁者や履行の確認業務をすることが規則で決められている者の決裁者によります）が必要となります。

❯ 完了報告書等の保管

　このような完了報告書等は、毎回必ず会計課に提出をしなければならないのでしょうか？　結論からいえば最終的には会計課に提出しなければなりませんが、例外として、完了報告書等を担当課で保管する場合があります。例えば、派遣会社に派遣業務をお願いしている場合などで、誰がどのくらい業務を担当したかなど

の人事管理の都合上、担当課での保管が必要だからです。

しかし、会計課でお金を支出するための審査において、債務が確定しているかどうかの確認は非常に重要で、完了報告書等の証拠書類の確認が必要です。このため、やむを得ない場合を除き、完了報告書等は必ず添付しなければなりません。担当課で保管する場合であっても、一旦（前出）会計課へ提出、支払後に返却など、実施方法については会計課と協議する必要があります。

なお、完了報告書等の支出の証拠書類の保存については、自治体の規定により異なります。一般的には、支払いの訴訟や時効などを考慮して、5年間は保存する必要があります。契約書など重要な書類は10年間保存としている自治体もあります。担当課保管とした場合についても、会計課による支出の証拠書類の保存期間と同様の期間、保存が必要です。

❯ 完了報告書提出のスケジュール

完了報告書等での履行確認は、債権者から依頼された業務が終わったとの「通知」を受けてから、政府契約の支払遅延防止等に関する法律第5条では、**一般的には、工事については14日以内、その他の給付については10日以内に行わなければならない**とされています。また、コピー機器等の使用料など、契約期間中に継続的に行われているものの内容が月単位の場合は、**履行の確認の日付がその月の最終日もしくは翌月**となります。

ただし、**債務の内容が年度単位の場合の履行の確認の日付は、その年度の最終日（つまり、3月31日）とする**必要があります。翌年度の日付ではだめなのです。これは、歳出の会計年度所属区分に基づくもので、当該年度の歳出予算により執行する場合は、当該年度に履行の確認をしなければならないことからです。当該年度に履行の確認ができたものの支払いは、翌年度の4月から5

月末までの出納整理期間で可能となっています（P.34以下参照）。

「履行の確認」の特例

　履行の確認日は、3月31日までというルールですが、現実的でない場合も多く、実務上の障害となっています。

　特に、補助金の履行確認で問題となるケースが多いです。例えば、補助を受けた団体が、3月末までの事業実績について、団体の内部で決算の承認を受ける必要がある場合です。このような場合は、5月31日の出納閉鎖日までに履行の確認をすることを容認し、「実績報告書」によって履行の確認をする場合もあります。なお、この場合でも、3月31日までに物品を購入したというように、委託業務が完了したなどの債権債務が発生していて、支出をすることが確定していることが条件となります。

　このように、多くの場合、3月末日までに履行を確認したという書類が4月以降に提出されているのが現状です。しかし、団体に3月31日以前に履行の確認をしたとして日付を遡って処理をしてもらうこともあります。任意団体の例が多いのですが、団体が法人の場合などは、日付を遡る実績報告書の作成自体がコンプライアンス順守の観点から無理な場合もあります。こうした例外（コンプライアンス順守の観点から4月以降の実際に確認した日付での実績報告書という形）を認めざるを得ない現状です。

　このように、履行の確認は重要性が高いものの、実際は事務の流れがあいまいになってしまうことに注意が必要です。

❯ いよいよ「支払い」へ

　履行の確認が済んだら、いよいよ支払いになります。支払いをする段になったら、「請求書」をもらうことになります。

　ここで、物品の購入業者や工事を行った業者などを「債権者」

と呼びます。**債権者とは簡単にいえば、債務者に対してお金をください**と請求する権利を持つ者です。ここでの債務者は自治体（厳密には自治体の長）になります。

　債権者に支払う場合に、その債権者に本当に支払っていいのか確認するのが会計課の仕事です。お金と引き換えに物品を買う場合はあまり問題になりませんが、自治体は物品を購入してから後払いで支払うため、時間的に経過していることもあり、これから支払いを行う対象は確かにその債権者であるとの確認が必要になります。

　これを、ある一定の要件を備えた請求書をもらうことで判断しています。このときの債権者を**正当債権者**と呼びます。法令や契約等に基づき支出の相手方として正当な請求権を有する者のことです。この正当債権者からの適法な請求書の一般的な要件は、以下の通りです。

---

① 請求書であることの明示
② 債務者の表示（宛名）が自治体の長の宛名であること
③ 請求年月日
④ 債権者の表示・住所氏名ならびに押印（法人によっては、法人名および代表者の氏名）
⑤ 債務の内容
⑥ 請求金額
⑦ 正当債権者の名義及び口座情報

　すべての債権者は、請求書を作成しなければ正当債権者として認められないのでしょうか？　実は、例外がいくつかあります。請求書の提出がなくても、債権債務関係が自治体のほうでわかる場合などは、請求書を省略することができるとされています。主な例としては、習志野市では以下の通りです。

① 報酬、給与、職員手当等、共済費、賃金、その他の給付金
② 償還金、利子および割引料
③ 報償費のうち報償金及び賞賜金（しょうしきん）
④ 扶助費のうち金銭でする給付
⑤ 官公署の発する納入通知書その他これに類するものにより支払うべき経費
⑥ 公共料金等一括支払（口座振替方法により支払うものに限る）による光熱水費、通信運搬費、使用料及び賃借料、扶助費
⑦ 過誤納金および還付加算金
⑧ ①〜⑦に掲げるもののほか、自治体が申告納付する経費、請求書を徴しにくいもので、支払金額が確定している経費およびその性質上請求行為を要しない経費

▶ 印鑑の押し方

　ここで、請求書に使用する印鑑について説明します。正当債権者からの適法な請求書の一般的な要件の④のなかで（前頁参照）、「債権者からの押印」の項目があります。つまり、紙の請求書が前提です。民間では、紙の請求書ではなく電子決済なども進んでいますが、自治体では、いまだ紙の請求書に押印してもらうことで、その請求書が正当債権者からとみなしていることが一般的です。

　このとき、押印する印鑑は、**債権者が法人の場合は、法人の代表者として登記所へ届けている印鑑**とされています。実際に請求行為をするのは法人の代表機関である代表取締役となるので、その印鑑が必ず必要なのです。社印も、正当債権者を確認する考えから、同じく押印してもらうほうが望ましいとされています。

　一方、**個人の場合は、望ましいのは役所に印鑑登録をしている印鑑を押印してもらい、印鑑証明書を添付**してもらうことです。しかし、個人の支払いの場合は金額が法人のように多額ではない

し、そもそも個人あての口座に送金することもあり、必ずしも厳格な取扱いをしなければならないわけではありません。

いずれにしろ使用される印鑑は、債権債務にかかる事故が発生した際、債権者から提出された書類が有効な書類かどうか判断するために、当該債権者の正式な印鑑と認められるかが重要です。

したがって法人の場合でも、通常日々の契約で同一の印鑑の使用で問題なく完結している場合は、その同一の印鑑を認めています。ただし個人の場合は、極論になりますが、何かしら「印」が押されてあれば、三文判でも OK としている現状が多くあります。

▶ 内容の訂正

請求書は紙ベースであることが原則となっていますが、内容の訂正があった場合にはどうしたらよいのでしょうか？　そもそも、債権者からの請求書とは、①その請求書が正当債権者によって発行されたものであり、②正当債権者自身の意思が正しく表れたもの、でなければなりません。逆にいえば、金額およびその他の訂正についても、それが、正当債権者の意思に基づき訂正されたものであることが確認される方法であれば、訂正は可能です。

②の「正当債権者自身の意思に基づくものかどうか」の判断基準として、請求書に押印された印鑑で訂正されていれば訂正を認めている場合が多いです。民間では、請求総額も正規な方法であれば訂正を認める慣習ですが、自治体では現金を支払う重要性から、規則等によって請求総額の訂正を認めないこともあります。

また、砂消しゴムや修正液での修正は、絶対に認められません。この行為は刑法第159条の「私文書偽造等」にあたり、懲役刑又は罰金刑になる場合があります。

以上で、支出について、支出負担行為➡支出命令➡履行の確認➡請求行為の一連の流れを理解してもらえたかと思います。

03 / さまざまな支出の種類
支出の原則と特例

▶ 支出の原則

　ここからは、自治体の支出の原則を理解していきましょう。

　まず、「支出の原則」とは2つあります。1つめは、地方自治法第232条の5に規定されている「**普通地方公共団体の支出は、債権者のためでなければ、これをすることができない。**」というものです。2つめは、地方財政法第4条に規定されている「**地方公共団体の経費は、その目的を達成するための必要且つ最小の限度を超えて支出をしてはならない。**」というものです。

　したがって、自治体が支払いをするときは原則として、**①債務である金額が必要最小限度に定まり、②支出すべき時期が到来しており、③支払いの相手方が正当債権者である場合**の3つの条件が満たされた場合に支出することができます。

　自治体の支出が**後払いの原則**となっているのは、この3つの条件を満たした支出をするために、正当債権者に対し、履行の完了を確認した後でなければ確定金額を支出できないからです。

　自治体における債権者への支払方法としては、口座振替が一般的です。これは、指定金融機関その他、自治体の長が定める金融機関に預金口座を設けている債権者から口座振替払を希望する申し出があった場合、会計管理者名義の口座から債権者の口座へ振

替支払（振込み）をする方法です。当然、本来は現金払（小切手払を含みます）による債権者への支払いが原則ですが、現在は公金の管理上からも現金払いはやむを得ない場合に限定されています。

❯ 支出事務の特例

　支出事務の特例は、すなわち、**支出の原則である「後払い」の例外—「前払い」**です。「債権者との契約その他の支払いに関する取り決めにおいて、場所的関係・経費の性質等の内容から、通常の方法では事務の取扱いに支障をきたす場合」に発生します。

2－2　3つの支出の例外

マスク購入の例

資金前渡
マスクの在庫がありません。取引先の薬局にもありません。
じゃこのお金の範囲で購入できるお店を探して責任を持って買ってきてください

概算払
取引先の薬局でマスクが入荷するそうです。販売価格は未定だと言われました。
じゃとりあえず、すこし余裕をもったお金出しとくから買ってきてください。

前金払
取引先の薬局で来月マスクが入荷予定です。いつもの値段ですが今回は前金支払いでのみ予約を受け付けているらしく…
特別な事情だから、このお金で払ってきてください

　地方自治法第232条の5で地方自治法施行令および自治体の財務規則等で定められた経費は、「資金前渡」「概算払」「前金払」等、

支出の特例で支出することが認められています。

　ここでは、実務として覚えておく必要のある「資金前渡」「概算払」「前金払」の３つの支出の例外について説明します。

▶ 資金前渡とは？

　「資金前渡」とは、**特定の経費について、債権者が未確定の場合、もしくは債権者と債務金額がともに未確定の場合に、現金の支払いをさせるために、会計管理者が正当債権者でない自治体の職員に対して経費の金額を交付し、正当債権者に対して現金で支払いをさせることです。**ここでいう職員とは、会計管理者の組織である出納職員等ではなく、長の組織に所属する職員になります。

　この資金前渡ができる経費は、地方自治方法施行令第161条で規定されています。ここでは、その主な経費を紹介します。

・外国において支払いをする経費
・遠隔の地又は交通不便の地域において支払いをする経費
・船舶に属する経費
・給与その他の給付
・地方債の元利償還金
・諸払戻金及びこれに係る還付加算金
・報償金その他これに類する経費
・社会保険料
・官公署に対して支払う経費
・生活扶助費、生業扶助費その他これらに類する経費
・事業現場その他これに類する場所において支払いを必要とする事務経費
・非常災害のための即時支払を必要とする経費
・電気、ガス又は水の供給を受ける契約に基づき支払をする経費
・電気通信役務の提供を受ける契約に基づき支払をする経費

しかし、これらの列挙された経費しか資金前渡が認められないのでしょうか？　実は、自治体によって裁量が認められています。

　自治体には独自の事業や地域の特殊性などもありますので、地方自治法施行令第161条第1項第17号に次の規定があります。

「経費の性質上現金支払をさせなければ事務の取扱いに支障を及ぼすような経費で普通地方公共団体の規則で定めるもの。」

　すなわち、自治体に対し無条件で資金前渡の経費を認めるのではなくて、自治体が規則をつくれば認めるということです。

　資金前渡ができる経費を定めた習志野市の規則を紹介します。

■習志野市財務規則

（資金前渡できる経費）

第67条　施行令第161条第1項第17号に規定する規則で定める経費は、次の各号に掲げるものとする。

(1)　賃金

(2)　有料道路通行券の購入に要する経費

(3)　自動車駐車場使用料

(4)　自動車重量税印紙の購入に要する経費

(5)　交際費

(6)　自動車損害賠償責任保険料

(7)　証紙、切手及びはがきの購入に要する経費

(8)　補償補塡及び賠償金

(9)　会議、講習会その他の行事に際し、直接支払を必要とする経費

(10)　国民健康保険事業における助産費及び葬祭費

(11)　即時払いをしなければ契約をすることが困難な経費

資金前渡職員の責務

　資金前渡職員が交付を受けた現金である「前渡資金」は、資金前渡職員から正当債権者へ支払いが完了するまで、自治体の公金

のため、保管等の注意を怠らないよう厳正な管理が求められます。

　また、資金前渡職員は、その交付を受けた「前渡資金」を単に保管・出納するにとどまりません。交付を受けた経費の目的に従って債務を負担し履行するために、自己の責任をもって、正当債権者に現金で支払いをしなければなりません。

　例えば、資金前渡職員は、交付を受けた経費の目的に従い支払いを行う際、支払うべき金額に対して、交付された前渡資金が不足しないようにしなければなりません。このような前渡資金をいくらまでにするかの限度額は、自治体の裁量に委ねられており、財務規則等で定められていることが一般的です。前渡資金が足りないからといって、安易に立て替え払いすることはできません。

　資金前渡職員は、その支払いにあたって、債権者の請求は正当であるかなどを判断し、かつ前渡資金の支払いをしたときは、その職員の名前で領収書を徴するなど権限が与えられています。したがって、資金前渡の精算は非常に重要です。この手続きも自治体の裁量に委ねられていますので、財務規則等でその都度確認する必要があります。以下、習志野市の規則を紹介します。

■**習志野市財務規則**

（前渡資金の精算）
第74条　資金前渡職員は、その管理に係る前渡資金について、次の各号に掲げる経費の区分ごとに当該各号に定める期日（休日を除く。）までに、前渡資金に関する精算報告書兼戻入命令書又は精算報告書兼支出命令書を作成し、証拠書類を添えて予算執行者に精算の報告をしなければならない。
　(1)　常時の費用に係る経費　翌月の5日まで
　(2)　随時の費用に係る経費　支払が完了した日から3日以内
2　予算執行者は第1項の規定による報告を受けたときは、その内容を調査し、同項に規定する帳票類を会計管理者に送付するとともに併せて精算残額のあるときは、併せて戻入の、精算追加のあるときは追加支出の手続きをしなければならない。ただし、第1項第1号に係る経費の精算残金については、翌月に繰り越すことができる。

▶ 概算払とは？

次に、支出の事務の特例の「概算払」について説明します。

概算払とは、**特定の経費について、債権者との債権債務の関係は発生しているものの、履行の時期が未到来であり、債務金額も未確定であるにもかかわらず、当該債権者に対し支払いをする必要が生じた場合に、概算額をもって支出すること**です。

ここで、資金前渡との違いを事例から説明したいと思います。

例えば、外国への出張における A 地区から B 地区の移動にあたり、現地に行った際、職員が状況に応じて飛行機・電車などの交通手段をその場で決めて手続きする場合は、飛行機の場合と電車の場合では債権者が異なりますし、なおかつ支払金額である債務金額も未定となり、この場合は「資金前渡」になります。

しかし、同様の事例で A 地区から B 地区へ移動する場合でも、事前に旅行会社などに委託して移動手段を決定していた場合は、債権者が旅行会社に決まっていることになりますので、「概算払」となります。

この「概算払」ができる経費は、地方自治方法施行令第 162 条で規定されています。ここでは、その主な経費を紹介します。

・旅費
・官公署に対して支払う経費
・補助金、負担金及び交付金
・訴訟に要する経費

ここでも、資金前渡と同じように自治体が規則で定めたものも概算払の対象となります。概算払ができる経費の事例として、習志野市の規則を紹介します。

■**習志野市財務規則**

（概算払）

第 75 条　地方自治法施行令第 162 条第 6 号に規定する規則で定める経費は、
　　次の各号に掲げるものとする。

（1）　運賃又は保管料

（2）　補償金又は賠償金

（3）　委託料

（4）　子ども・子育て支援法第 11 条の施設型給付費若しくは地域型保育給
　　付費又は同法第 30 条の 2 の施設等利用費

　このような概算払を受けた場合は、予算執行者である長は、概算払をした経費についてその目的達成後、当該概算払を受けた職員に、速やかに精算の手続きをさせなければならないとされています。この場合において、精算残額があるときは直ちにその現金を返却する戻入の手続きをする必要があります。また精算の結果、追加での支出があるときは、追加支出の手続きをすることになります。

▶ 前金払とは？

　最後に、支出の事務の特例の「前金払」について説明します。

　前払いの経費のうち、債権者と債務金額がともに確定しているものについて、支払うべき事実の確定、または時期の到来以前において、その債務金額の支出をすることを前金払といいます。

　ただし、この前金払は、契約等で前金払をする旨の特約をしたものに限り認められるものです。

　この前金払額は、契約または法令によって確定されたものなので、後日契約の不履行その他の事由によって客観的に金額の変更が認められる場合の他は、精算を必要としません。

　この前金払ができる経費は、地方自治方法施行令第 163 条で規

定されています。ここでは、その主な経費を紹介します。

- ・官公署に対して支払う経費
- ・補助金、負担金、交付金及び委託費
- ・前金で支払をしなければ契約しがたい請負、買入れ又は借入れ
  に要する経費
- ・定期刊行物の代価
- ・日本放送協会に対して支払う受信料

　ここでも、資金前渡や概算払と同じように自治体が規則で定めたものも前金払の対象となります。前金払ができる経費の事例として、習志野市の規則を紹介します。

■習志野市財務規則

（前金払）
第 76 条　〔地方自治法〕施行令第 163 条第 8 号に規定する規則で定める経費
　は、次の各号に掲げるものとする。
　（1）　使用料、保管料又は保険料
　（2）　土地又は家屋の買収代金

　前金払の中では、公共工事の前金払などが特に金額が大きいこともあって、自治体で規則や要領などを作成して運用しているのが一般的です。例えば、習志野市では、公共工事を発注し契約の段階で前金払の特約をした場合は、「習志野市公共事業の前金払及び中間前金払取扱要領」に基づき前金払をすることができます（工事の設計および調査等の委託についても同様）。
　前金払をする際の要件は、習志野市では次のように規定されています。

① 公共工事の前払金保証事業に関する法律第 5 条第 1 項の規定に基づき、登録を受けた保証事業会社の保証にかかる公共工事であること

② ①の保証事業会社が交付する前払金保証証書を市に寄託してあること

③ 1 件の設計金額が 500 万円以上の公共工事であること

④ 前払金請求書は契約の 10 分の 4 以内（設計または調査等については 10 分の 3 以内）であること（10 万円未満の端数がある場合、端数金額は切り捨てる）

⑤ 完成払の振込口座とは別の普通預金口座（保証事業会社が交付する前払金保証書に記載のある金融機関と同一）への振込であること

　ここで、支出事務の特例についてまとめると次のようになります。

	債 権 者	金 額
原則（後払い）の場合	〇（特定）	〇（確定）
資金前渡	×（特定されない）	×（不確定）
概算払	〇（特定）	×（不確定）
前金払	〇（特定）	〇（確定）

　最初のポイントは、債権者と金額が特定しているのかそうでないのか、という点です。その次に、前払いが求められる経費であるのかを判断します。あくまで、自治体の支払いの原則は後払いであることを忘れないようにしましょう。

04 / 支出の 予算科目

「支出」と「歳出」の違い

ここで、「支出」「歳出」というまぎらわしい言葉を整理します。

2－3　予算から支出の流れ

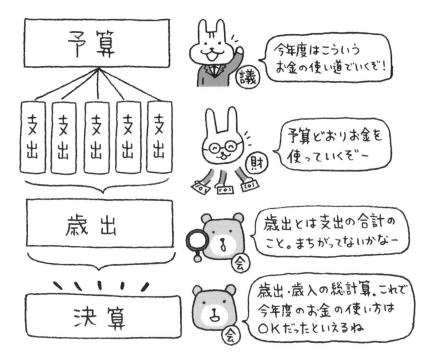

今年度はこういう
お金の使い道でいくぞ！（議）

予算どおりお金を
使っていくぞー（財）

歳出とは支出の合計の
こと。まちがってないかなー（会）

歳出・歳入の総計算。これで
今年度のお金の使い方は
〇Kだったといえるね（会）

「支出」とは、あらかじめお金の使い道を決めた予算の範囲内での支出のことです。1件1件の伝票の段階では、「支出」なのです。

　一方「歳出」とは、自治体の会計年度の1年間の支出の合計のことをいいます。この歳出の額が、決算の数字になります。

▶ 予算科目の分類

　「歳出の予算を決める」とは、**どのような事業のどんな目的のためにいくら支出をしてよいかを決める**ということです。そのために「款」「項」「目」「節」という分類がされています(P.32参照)。

　「款」は最大の分類で、「項」は「款」の細分類、「目」は「項」の細分類、「節」はさらに「目」の細分類となっています。「款」「項」「目」は目的による分類です。

　例えば、歳出における「款」の「総務費」は、総務関係の費用です。「総務費」の「項」の項目として「総務管理費」とか、「選挙費」「監査委員費」などがあり、これらの名称だけでどんな内容かが紐解けます。「款」と「項」は決算書に記載されるもので、議会の議決の対象となるものです。

　「目」は自治体の予算規模や事業の増減などにより、同じ自治体でも年度により任意で設定している場合があります。72pでは地方自治法施行規則第15条の別記の例を紹介します。ここでは「目的別」に整理しています。

　「節」は性質による区分で、具体的には「給料」や「委託料」といった種別を示しています。

　このように、「款」「項」「目」「節」をみれば、どのような目的の支出で、どのような性質の支出なのかがわかります。

　職員としては、この「款」「項」「目」「節」を理解しないと自治体の予算や決算を理解できません。特に「節」は、担当課でも間

違いやすい項目もあり、会計課の段階でしっかりとチェックする内容であるといえます。この「節」は地方自治法施行規則により、令和2年度から施行される27節の分類を事例に挙げています[6]。

※6
　地方自治体における会計年度任用職員制度が新設されました。この改正により従来の臨時・非常勤職員に対して「賃金」として支給していたものを「給与」または「報酬」として支給することになりました。これにより昭和38年の地方自治法改正の際、定めた支出科目の28節から「賃金」が削除され27節になりました。

❯ 会計課は「節」をチェック

　会計課では、「節」を重点的にチェックします。それには、以下のような理由があります。

　例えば、款：総務費、項：総務管理費、目：一般管理費、節：消耗品費という内容の伝票があります。この節、つまり消耗品費が予算内であることや、消耗品費の内容自体は、伝票から確認できます。しかし、この伝票が実は目：人事管理費だったとしても、会計課ではその正誤を判断できません。つまり、予算措置がされているかどうかのチェックはできても、本当にその事業のための消耗品費の支出かどうかということまでは確認できないのです。これは、節が性質別の区分けであることによります。

　また、節は特に、需用費と役務費については細節を設けてより細かく支出の内容を区分しています。次のページから、27節の分類を詳しく見ていきましょう。

歳出の款・項（例）

款	項
議会費	議会費
総務費	総務管理費
	徴税費
	戸籍住民基本台帳費
	選挙費
	統計調査費
	監査委員費
民生費	社会福祉費
	児童福祉費
	生活保護費
	災害救助費
衛生費	保健衛生費
	清掃費
労働費	失業対策費
	労働諸費
農林水産業費	農業費
	林業費
	水産業費
商工費	商工費
土木費	土木管理費
	道路橋りょう費
	河川費
	港湾費
	都市計画費
	住宅費
消防費	消防費
教育費	教育総務費
	小学校費
	中学校費
	高等学校費
	幼稚園費
	社会教育費
	保健体育費
災害復興費	農林水産施設災害復旧費
	何施設災害復旧費
公債費	公債費
諸支出金	普通財産取得費
	公営企業貸付金
予備費	予備費

歳出の目（一部例）

目
1．一般管理費
2．文書広報費
3．財政管理費
4．会計管理費
5．財産管理費
6．企画費
7．支所及び出張所費
8．公平委員会費
9．恩給及び退職年会費

歳出の節（例）

	節	内　　容
1	報酬	議員報酬、委員報酬、非常勤職員報酬など
2	給料	特別職給、一般職給など
3	職員手当等	扶養手当、通勤手当、時間外勤務手当て、期末手当、勤勉手当など
4	共済費	地方公務員共済組合に対する負担金、社会保険料など
5	災害補償費	療養補償、休業補償、障害補償、遺族補償など
6	恩給及び退職年金	普通恩給、増加恩給、扶助料、退職年金など
7	報償費	報償金、講師謝礼、記念品、各種表彰用など
8	旅費	普通旅費、特別旅費、費用弁償など
9	交際費	長、教育長、議長などの交際費
10	需用費	消耗品費…文具類、印紙類、被服等、消耗機材など 燃料費…灯油、ガソリンなど 食糧費…会議用弁当、来客用お茶代など 印刷製本費…パンフレット印刷、帳票類の印刷など 光熱水費…電気使用料、水道使用料、ガス使用料など 修繕料…施設の修繕、設備の修繕など 賄材料費…学校、病院での給食提供のための食材 飼料費…飼育中の小動物などのエサ代 医薬材料費…施設等に常備する医薬品など
11	役務費	通信運搬費…郵便料、電話料、通信料、放送料など 保管料…倉庫料、各種証券保管料 広告料…新聞掲載広告料、各種の宣伝広告など 手数料…手数料、診断料、不動産鑑定料など 筆耕翻訳料…手話通訳派遣料、賞状筆耕料など 火災保険料…家屋等の建造物の火災保険料 自動車損害保険料…庁用車自賠責保険料など
12	委託料	各種事務事業の委託に対する経費など
13	使用料及び賃借料	有料道路通行料、会場使用料、車両賃借料など
14	工事請負費	施設整備工事、施設維持管理工事など
15	原材料費	工事材料費、加工用原材料費など
16	公有財産費	土地購入費、家屋等購入費など
17	備品購入費	庁用器具費、機械器具費など
18	負担金、補助金及び交付金	各種協議会負担金、事業費補助金政務活動費の交付金など
19	扶助費	生活保護費、児童手当、自治体独自の手当など
20	貸付金	法令または条例等に基づく貸付金
21	補償補塡及び賠償金	移転補償費、車両損失事故の損害賠償など
22	償還金、利子及び割引料	地方債の元金償還金や利子、各種証券の割引料など
23	投資及び出資金	財政援助等による投資及び出資など
24	積立金	基金への積立など
25	寄附金	公益上必要と認められる場合の他自治体への災害見舞金など
26	公課費	自動車重量税、各種登録税など
27	繰出金	他会計への繰出金

出所）地方自治法施行規則別記を一部筆者加工。

05 / 支出事務①
伝票の受取

ここからは、支出事務の1日の流れを説明していきます。

伝票の提出

会計課の仕事は、各担当課の庶務の職員が、会計課執務室に伝票を届けるところからスタートします。自治体によって、手渡しだったりデータ提出だったりと処理の仕方が違うかも知れませんが、基本的な考え方は同じです。

この庶務の職員は、新人や若手の職員であったり、または、短期雇用契約の職員だったりします。そんなことから、**伝票を提出にきた職員は伝票の内容に精通しているとは限りません。**そもそも、この伝票の内容は予算措置が認められた内容ですので、中身は知っていて当然と思うかもしれませんが、実際はどうでしょうか?

よくあるケースとしては、上司が既に物品を注文して、納品した業者から請求書が来たときに、庶務のAさんに「この請求書は

○○事業の予算の消耗品費で伝票を起票して下さい」とお願いする場合です。ベテラン庶務の職員なら正確に内容を理解した上で処理ができますが、Ａさんが今年異動してきたばかりで、前の職場では伝票を起票したことがない場合もあります。どうやって財務会計システムに入力するのか、そもそも「予算」とは何かなど、わかっていないことも多いです。まわりの職員からは詳細な指導がなく、今までの伝票の控えを参考にして、なんとか伝票の起票をしています。伝票の内容が誤っていることは少なくありません。

▶ 庶務の人を思いやる前提で

　本来なら、上司が伝票の内容をきちんと見てから決裁すべきですが、実は上司も伝票について詳しくない場合があり、そのまま決裁されてしまいます。上司としては、伝票は会計課でチェックしてもらえるから、間違いが指摘されればそれを直せばいいと思っている場合もあります。このような体制はよくないのですが、業務が増え、職員が減らされているどこの自治体でもあることです。

　そんな不安の中、Ａさんは決裁が済んだ伝票を会計課に提出しに来るのです。そんな状況ですので、**提出した伝票について、会計課から戻されたらいやだなという気持ちでいる庶務の人が多いという前提を、わかっておきましょう。**

06/

伝票の受付

▶ 伝票を受け付ける

　会計課職員が各担当課から提出された伝票を受け付けます。受付の方法としては、**伝票に受付日のスタンプを押すことが一般的**です。このスタンプが、会計課で伝票審査をスタートさせる合図です。

　多くの自治体では、伝票の処理をシステム化（つまり、電算処理化）しています。この電算処理により、業務の効率化と正確性は高まりました。電算処理が導入される前は、その伝票に記載されている内容が予算措置がされた内容なのか、本当にこの予算残額があるのかをチェックするのが大変でした。しかし電算処理では、そのチェックがすぐにできます。なぜなら、予算措置がされた予算は、その額がシステムに入力されているからです。

　例えば、10万円の予算が措置されていれば、10万円という予算の範囲内でしか金額を入力ができない制御がかかっています。つまり、自動でシステムが審査をしてくれていることになるので

す。

伝票の所在探し

このシステムの役割はそれだけではありません。例えば、たまに伝票の所在が、会計課にあるのか担当課にあるのかわからなくて困ることがあります。その場合に、会計課で財務会計システムに受付の入力をしているかどうかを見ることができます。会計課で受付をしていないなら、伝票は担当課のどこかにあるはずです。会計課で受付をしてあるのなら、会計課内を探すことになります。

年に数回、そのように探し回ることはあります。それでも、どうしても見つからない場合は、請求書を再発行してもらうなど業者に迷惑をかけてしまう場合があります。

07/

支出事務③
伝票の区分け

伝票を区分けする

伝票の受付が終わったら、伝票を区分けします。区分けをする目的は、**事務の流れを合理化すること**です。

区分けには、給料などや重要なものは別に区分けをするなどいくつか方法がありますが、必ず行うメインの区分け方法は「**支払日ごと**」です。

支払日が迫っているものから優先して処理をする必要があるからです。支払予定日の数日前には、指定金融機関に依頼しなければなりません。また、支払日が迫っている伝票に誤りがあった場合には速やかな対応が必要です。

処理がぎりぎりになってしまう理由

本来であれば、担当課から提出された日にすべての伝票を処理できれば問題はないのですが、繁忙期などは特に、支払予定日に

余裕がある伝票は後回しになる場合があります。たまに、担当課が伝票を支払予定日よりも余裕をもって提出してくれたのに、支払予定日の数日前というぎりぎりで誤りを指摘してしまうことがあります。

　担当課の職員とすれば、もし間違いがあっても、日数に余裕があるから、訂正や決裁をもらい直せると思っていたため、「あんなに日にちに余裕があったのに、なんでここまで審査が遅れて、今頃戻すの？　上司に怒られるし、請求書の不備だから、業者さんに直してもらわなければいけないし……」と愚痴を言ってくることもあります。会計課としては申し訳ないのですが、繁忙期の伝票の量が半端なものではないので、しかたがありません。

08

担当者による
伝票のチェック

負担行為と支出命令の確認

審査

伝票間違ってないかな

　区分けが終わった伝票を、会計課の審査担当の職員で分担してチェックします。伝票のチェックとは、まず支出負担行為と支出命令を確認することです。この仕事の根拠は、会計管理者の権限である「**支出命令審査権**」にあります。

この権限を会計管理者が会計課の職員に委任することで、その他の会計課の職員は審査ができるのです。

　この権限の詳しい説明の前に、まずは「支出命令」について解説します。

　自治体の長が、その自治体の歳出で、債務が確定した内容について、その支出を会計課の責任者である会計管理者に命令することを「支出命令」といいます。これは予算執行機関の代表である長から、出納その他の会計事務の機関の代表である会計管理者への「命令行為」なのです。

では、会計管理者は長の命令に従わなければならないのでしょうか？　いいえ、必ずしもそうではありません。それを定めるため設けられたのが、「支出命令審査権」です。

　支出命令審査権は、長と会計管理者を分立し内部統制をするために設けられた権限で、長と会計管理者は対等の立場です。会計管理者は、長の命令がなければ支出することができませんが、命令があっても、次のことを確認しなければ、支出することはできません。

> ①　当該支出負担行為が法令または予算に違反していないこと
> ②　当該支出負担行為にかかる債務が確定していること

　支出の根拠が支出負担行為となり、これは長の権限で支出命令の伝票となります。この伝票に不備があれば、支出命令の伝票を、すなわち、支出を認めないということです。

　予算執行者である長は、支出をするにあたり、おおむね次の内容を確認する必要があります。

> ①　会計年度、所属区分および予算科目に誤りはないか
> ②　歳出予算を超過していないか
> ③　金額に違算はないか
> ④　債権者は正当であるか
> ⑤　債務は履行されているか、また、その履行の確認は完了しているのか
> ⑥　契約の方法は適法であるのか
> ⑦　時効は完成していないか
> ⑧　必要な書類は整備されているのか

　本来であれば、この内容を長が確認するわけですが、現実的には長がすべての伝票の内容を確認することができません。このこ

とから、長が予算担当の補助職員にその確認の権限（専決）を与える場合がほとんどです。専決にあたっては、支出の内容や金額などで誰に委任するかを判断しています。

この専決について、工事請負費を例にとり、習志野市の場合を紹介します。

工事請負費の専決区分➡金額で決定
専決を認めないで市長決裁の場合として、3,000万円を超える場合の工事としています。専決を認める場合は次のように金額により決めています。
・副市長専決……3,000万円以下
・教育長専決……1,500万円以下
・部長専決……1,000万円以下
・次長専決……300万円以下
・課長専決……130万円以下

また、金額ではなく、支出の重要性から判断する場合もあります。消耗品費、燃料費、印刷製本費などの需用費はすべて課長専決としています。また、寄附金として支出する場合などは、課長および次長専決は認められておらず、100万円以下が部長専決、200万円以下が教育長専決、300万円以下が副市長専決とされています。すなわち、300万円を超える寄附金の支出をする場合は、長である市長決裁が必要であるということです。

このように、伝票の内容に応じて多くの職員が支出の確認をすることが望ましいのですが、実際は、課長は部下に任せているし、その上司である次長や部長なども細かい内容までは確認できていません。そんな状況で、伝票を起票した担当者も初任者であった場合を考えると、会計課での担当者のチェックがいかに重要であるかがおわかりだと思います。

担当者がチェックをする上で特に注意しているのは、**支払予定**

日の確認です。支払期日の定められている支出については、自治体により異なりますが、おおむね1週間前までには会計課に提出してもらうことが望ましいです。伝票の入力ミスや請求書の不備などへの対処に余裕をもつ必要があるからです。なお、支払期日が特に定められていない支出についても、「政府契約の支払遅延防止等に関する法律」により、適法な請求書を受理してから30日以内（工事代金については40日以内）に支払うことが求められています。この法律の第14条で、「この法律の規定は、地方公共団体のなす契約に準用する」と定められています。

09 / 係長・課長による決裁

支出事務⑤

責任者の決裁とは？

担当者が伝票の審査をした後は、上司である係長・課長が決裁をします。しかし、膨大な量の伝票のすべてを係長や課長、会計管理者もチェックするのでしょうか？

答えは No です。長の専決と同じように、会計管理者の専決規定（会計管理者が、その仕事の責任を任せていいという決まり）を規則等で設けることが一般的です。通常は「課長専決」が一般的ですが、習志野市では、「係長専決」も認めています。次ページがその例です。

新人職員の皆さんには関係がないように思われるかもしれませんが、係長や課長のチェックポイントを知っておくと、伝票記載の要点がつかめて、仕事がグッと楽になります。

課長専決の範囲は金額によって決められます。係長専決は、伝票処理の量が多いもので5万円以下に限定したものです。

習志野市会計管理者事務決裁規程別表（第3・7条）図表A

（単位　千円）

区　　分			課長専決事項 専決金額	審査担当係長専 決事項 専決金額
支出負担行為の確認	報酬		全額	
	給料		全額	
	職員手当等		全額 ただし、退職手 当を除く。	
	共済費		全額	
	恩給及び退職年金		全額	
	賃金		全額	
	報償費		1,000 未満	
	旅費		全額	
	需用費		50 を超える額	50 以下
	役務費	電話料、電報料、 郵便料、保険料	全額	
		その他	1,000 未満	
	委託料		1,000 未満	
	使用料及び賃借料		1,000 未満	
	工事請負費		1,000 未満	
	原材料費		50 を超える額	50 以下
	備品購入費		50 を超える額	50 以下
	負担金、補助及び交付金		1,000 未満	
	扶助費		全額	
	償還金、利子及び割引料		1,000 未満	
	公課費		1,000 未満	
	歳入歳出外現金の支出		1,000 未満	
調定の確認			1,000 未満	
収入票の確認			全額	
歳出予算の経費の金額の 流用及び充用の確認			全額	
資金前渡及び概算払いの 精算の確認			全額	
繰替払いの確認			全額	
過誤納還付金の確認			1,000 未満	
科目校正の確認			全額	

▶ 係長の決裁

係長の決裁は、係としての最終チェックなので、一番重要です。

しかし、係長がチェックをするときに、最初に審査する職員と

同じようにチェックをしていたら時間が足りません。例えば、3人の担当職員が審査したならば、係長は一人で3倍の量の伝票を処理しなければならないからです。このことから、審査の担当係長は審査に関してベテランの職員が多いです。審査の担当職員は、新人職員や短期雇用の職員の場合もあり、ミスも想定しなくてはなりません。その意味で、係長が実質的な最後の砦なのです。会計課の担当職員だけでなく、他部局の職員からもいろいろな質問や相談があります。ただし、会計課の仕事は、数か月もすれば基本的なことは理解できますし、1年経てば、最後の砦としての役目を果たせるようになりますので、安心してください。

　係長は、基本的には**「間違いやすいところ」**と**「大事なところ」**をチェックしています。

　係長は、会計担当者が一度見た（審査した）伝票を見ることになります。担当者がベテラン職員の場合は、係長よりも事務経験が豊富なこともあり、細かい検算までは確認しないこともあります。しかし、会計担当者が新人の場合は、審査した内容について、添付書類の検算も含めて見直しています。

　もし間違いがあれば、それが単なるケアレスミスなのか、それとも間違って覚えてしまっていたのかなどの原因を確認して、適切な指導を行う必要があります。また、伝票を提出してきた担当課に対して、間違いの内容を記載した付箋等を添えて、会計管理者に代わって会計課の担当者から伝票を返却させます。

❯ 課長の決裁

　では、課長はどんな視点でチェックしているのでしょうか？課長は課の全体の仕事や対外的な会議などもあり、審査業務だけをしているわけではありません。そのため、伝票の中身の細かい内容を再度詳しくは見ていません。限られた時間の中で、課長が

見ているポイントは、①債権者、②金額、③送金口座です。この内容を間違えて支出することは、絶対にあってはなりません。

　ではこの①～③は、どういうミスが起こりやすいのでしょうか。

　例えば、①の債権者は、請求書にも記載されているので、伝票を起票した職員も間違えるはずがないと思いますよね。しかし実は、ここに落とし穴があるのです。

　システムで処理をするにあたって、ほとんどの場合は、債権者登録という債権者の氏名や住所、振込先口座などのデータと債権者コードが登録されています。この債権者コードの入力を間違ってしまうことがあるのです。内容を確認すれば、違う債権者の名前なのでわかるはずですが、意外にミスが多いところです。

　②の金額入力の誤りもたまにある事例です。請求書の金額をしっかり確認して入力をすれば問題はないのですが、例えば「12,721円」を、「12,271円」や「12,712円」などと入力ミスしてしまうことはよくあります。そもそも、その伝票を起票した所管課の係長や課長が気付いてほしいところではありますが、そんな伝票を会計担当者も見過ごしてしまうこともありますので、課長はそこをよく見ています。

　③の送金口座では、伝票に記載されている口座内容と、請求書に記載されている口座内容が違っていないか見ています。これは単なるミスだけを見るのではなく、口座内容が更新されている場合や、特別に口座に振り込んでほしい場合などがありますので、必ず確認が必要です。

　また、1回限りの支払いなどの場合は、債権者コードの登録をしないで支払うことも可能です。その場合は、請求書に記載のある口座内容の入力内容をしっかりと確認する必要があります。

会計管理者の決裁

　その後、会計管理者も重要な伝票はチェックします。例えば、P.85の図表Aのうち、課長に専決していないもの（100万円以上の報償費など）です。既に、課長を含め複数の職員がチェックしていますが、会計管理者としては、法令や予算に違反していないかを最終的に審査しなければなりません。会計管理者決裁の伝票は最終的に多額の支出ですので、債権者コードの誤りや金額などは再度確認する必要があります。

　また、資金計画に沿った内容であるかも確認する必要があります。当然ですが、自治体のお財布は指定金融機関の会計管理者名義の口座であり、そこにお金がなければ支出はできないわけですから、会計管理者としては気にかけなければいけないところです。

事前審査とは？

　ここで、会計管理者の事前審査というものを説明したいと思います。この「事前審査」とは、**支出負担行為を支出命令より前にチェックすること**です。そもそも、支出負担行為は長の決裁であり、会計課にその支出負担行為の伝票が提出されるのは、支出命令のときです。しかしその前に、その支出行為が法令や予算に違反していないかを、会計管理者の責任の下、チェックするのが事前審査です。

　具体的には、工事等の場合は、年度当初の４月に支出負担行為の決裁が完了し、工事が発注され、履行の確認が終わる年度の終わりに伝票が提出されます。もし、ここで支出負担行為に何か問題があった場合は、支払いが滞ることになります。ですから、しっかり事前審査を行うのです。

　地方自治法では、会計管理者における支出負担行為の事前審査

は制度化していません。しかし、「支出負担行為のうち重要なものについては、会計管理者に事前に合議することが適当である」と考えて、財務規則等で定めて運用している自治体もあります。

　習志野市では、従来から重要なものは事前審査をできる規定がありましたが、「重要なもの」の判断が明確でないことに加えて、適正な出納事務を徹底するために、副市長以上の決裁を受けるものについては、審査を受けなければならないとしました。平成29年度に、以下のように財務規則を一部改正して運用しています。

■習志野市財務規則

> （支出負担行為の事前審査）
> 第60条　予算執行者は、支出負担行為のうち、市長又は副市長の決裁を受けるものについては、あらかじめ、その内容を記載した帳票類を会計管理者に回付し、当該支出負担行為が法令又は予算に違反していないことについて審査を受けなければならない。

　実際に、事前審査で発見された事例で、法令違反ではありませんでしたが、予算に違反している場合がありました。例えば、現在は予算がないが、国からの依頼事業であり、次の議会で補正予算が必ず成立するとの見込みで事業をスタートさせた場合です。支出負担行為そのものを取り消す権限は会計管理者にはありませんので、状況を伝票に記載して処理をした例があります。

　このように、予算措置がされていない支出負担行為は違法ですので、支払い処理はできません。ただし、予算措置がされた場合は、支出負担行為を遡って有効とする判断もあります。

　当然のことながら、予算がないのに伝票を切ってはいけませんので、処理をする際は重々注意が必要です。

10

支出事務⑥

決裁済伝票の区分け

▶ 伝送と課別に区分けする

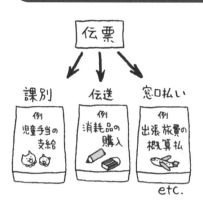

決裁が済んだ伝票は、支払手続きのために種類ごとに分けます。この支払処理も自治体によって異なる場合がありますが、ここでは習志野市の場合を説明します。

まず、**伝票は「伝送」と「課別」に区分けする**ことがほとんどです。

▶ 伝送伝票と課別伝票

「伝送」とは「伝送口座振替」の略称で、債権者の口座に送金する一般的な方法です。伝票を起票する場合に、債権者の口座情報を入力してある場合は、すべてこの「伝送」ということになります。

伝送は、全国銀行データ通信（略称：全銀システム）といって、日本国内の金融機関相互の内国為替取引をコンピュータと通信回線を用いて行う手形交換制度です。簡単にいえば、会計管理者名

義の口座から、債権者の口座に送金する仕組みです。

そしてもう１つの**「課別」というのは、「課別伝送口座振替」の
こと**です。これは、伝送伝票とは異なり、会計課ではなく各担当
課のシステムで作ったデータを用いて、債権者の口座に送金する
方法です。

支払い件数が多い児童手当等は、自治体の規模にもよりますが、
数万件にもなるでしょう。このような場合は、会計課で他の伝票
と同じように処理するのではなく、担当課でその業務のためのシ
ステムを作り、それを元にして全銀システムを用いて債権者の口
座へ送金しています。

▶ その他の伝票

以上の「伝送」と「課別」がほとんどの伝票ですが、特別なもの
としては、**「納付書払い」**の場合があります。納付書払いのケー
スは、自治体等の官公署の口座あての場合が多いです。

また、現在では少ないのですが、もともとは手形交換所を経由
する支払い方法として「単票」というものもありました。今は、
この方法を単票口座振替といい、手形交換所を経由することなく、
送金しています。それ以外の支払いは、例えば資金前渡のような
「現金」で支払いをする必要があるものを、**「窓口払い」**に区分け
をします。

11 <u>支出事務⑦</u>

支払内容を支払日ごとに区分け

▶「支払日」の注意点

決裁済みの伝票を、<u>支出事務⑥</u>の通り支払い方法ごとに区分けした後に、さらに支払日ごとに区分けします。

支払いは原則、伝票の支払い予定日に相手方の口座に振り込まれます。しかし、納付書のうち電信送金扱いとなっていないものは、支払日に会計管理者名義の口座から支出され、相手方の口座で入金を確認できるのが、金融機関の事務処理の関係で4～5日後となることがあり、注意が必要です。

▶ 支払日の設定

具体的にその「支払日」をいつに設定するかですが、契約によって支払日が決まっているものは、その支払期日より前に支払う必要があります。このとき、支払日より前に支払えば問題はありま

せんが、例えば、支払日当日は何時までに相手先の口座に入れば
よいかを気にする必要があります。契約で、時間指定がされてい
る場合は、その時間までに入金しなければなりません。ただし通
常は、支払日に入金されればよいとされています。

　この考えのもとで、支払日を区分けすると、主に「賃金・給料」
と「遅延防止法」[7]によって分けられます。

※ 7

　正式名称は、「政府契約の支払遅延防止等に関する法律」（昭和 24 年 12 月 12 日法律第 256 号）。
地方公共団体の契約にも準用される。

　終戦直後、政府契約において、官庁側の一方的な支払遅延が顕著だったので、この法律が制定され
た。

▶ 賃金や給料の支払日

　賃金や給料は、雇用契約や規則などで支払日が決められていま
す。大元の賃金等の支払いのルールに関しては、労働基準法でそ
の原則が定められています。

■労働基準法

> 第 24 条　賃金は、通貨で、直接労働者に、その全額を支払わなければなら
> 　ない。〔略〕
> 2　賃金は、毎月 1 回以上、一定の期日を定めて支払わなければならない。

　この労働基準法第 24 条の第 1 項と第 2 項を整理したものが「賃
金の 5 原則」といわれているものです。

【賃金の5原則】
① 賃金は通貨（現金）で支払わなければならない。
② 賃金は直接本人に支払わなければならない。
③ 賃金は全額を支払わなければならない。
④ 賃金は毎月1回以上支払わなければならない。
⑤ 賃金は一定期日に支払わなければならない。

　さて、この「賃金の5原則」の説明の中で、ちょっと違うのではないかと思った方がいると思います。①と②の原則からすると、会計管理者名義の口座からの送金は、この原則に違反しているのではないの？　というところです。

　その通りです。仮に職員から現金で支給をしてほしいという希望があれば、現金支給をしなければなりません。会計管理者名義の口座からの賃金の送金は、あくまでさまざまな条件下で許可されたものです。この「条件」というのが、労働基準法施行規則第7条の2で定められています。

❶ 労働者の意思に基づくものであること
❷ 労働者が指定する本人名義の口座であること
❸ 賃金支払日に全額払い出しが可能であること

　要するに、**同意を得て振込処理をしている**ということです。
　ちなみに、この条件❸の「賃金支払日に全額払い出しが可能である」というのは、賃金からは各職員がローンの引き落としなどの設定をしていることもあり、金融機関の営業開始時間まで（午前9時としているところが多いです）に口座に送金する必要があります。伝票受付のときに賃金の伝票を分ける理由の1つです。
　少し戻って、賃金の5原則の③でも、不思議に感じる人がいると思います。「賃金は全額」となっているのに、給料明細を見る

とさまざまなものが天引きされています。この「天引き」ができる根拠はなんなのでしょうか？

　法令で定められた税金や社会保険料などは、天引きが認められています。これは理解できますが、互助会費や職員組合費などはどうしてでしょうか？　これは、一般的には、書面による労使協定がある場合などは認められています。どんな内容でもよいのかというと、そうではなく、福利厚生に役立つものとされています。

　そんなわけで、賃金や給料は指定金融機関に営業開始時間には払い出しをできるようにお願いしなければなりません。そこで、支払日ごとに分けて、かつ、賃金と給料の伝票は区分けする必要があります。

▶ 遅延防止法による支払日

　さらに、遅延防止法の支払期日に間に合うように支払日を設定する必要もあります。業務の効率から、支払日を集中支払日として月数回設定しているところが多いです。例えば、10日、給与支払日の21日、月末などと設定します。当然、水道代や光熱費など支払期日の関係で、集中支払日とは違う日の設定もありますので、注意が必要です。

12 / 支出事務⑧ 支払いの決裁

出納係＝お金を払う係

伝票の決裁と仕分けも終わり、支払いの準備が整いました。次に、実際に支払うための決裁を行います。

伝票の審査は、「審査係」の職員が担当します。この審査は、支出負担行為や支出命令の内容を確認するまでの仕事です。

しかし、ここ 支出事務⑧ からは、一般的には出納係の仕事になります。**出納係の仕事は、要するに会計管理者名義の口座から債権者の口座に送金したり、または資金前渡のように現金を払い出したりする作業**です。

出納係の最初のステップ

この段階で作成する書類は、会計管理者名義の口座預金から現金を払い出すための書類です。自治体での出納ではまず、口座送

金も含めて会計管理者名義の口座から現金を払い出す手続きを行います。個人が銀行から払い出すのは、今はキャッシュカードによることが一般的ですが、自治体では安全性の面からキャッシュカードを持っていない場合が多いので、所定の払い出しの書類に銀行の届出印を押印して、現金を払い出しています。この現金を払い出す書類を習志野市では**公金支払通知書**といい、この書類は通常３連で１枚の書類となっています。

　この通知書は、支払日や支払い内容の区分ごとに作成しています。通知書には、「上記金額を普通預金口座から払い戻してお支払いください」と書かれており、３連の最初の１枚目では、会計管理者までの決裁をとります。こちらは、指定金融機関で受付をしたという意味で日付印を押してもらい、その後は会計課で保存する部分です。

　２連目は、１連目と内容は同じですが、指定金融機関に渡すものですので、会計管理者の公印を押します。この公印は会計管理者口座の届出印となります。こちらは、指定金融機関で保管することになります。

　３連目は、指定金融機関で確かに受領されたという意味で、指定金融機関の印を押してもらい、処理が終わったら会計課で保管します。

13

支出事務⑨

支払いごとの処理

指定金融機関への書類の作成と確認

伝票の内容を
システムに入力
〇月×日 〇〇〇円

伝票

支払いごとの決裁が終了したら、**指定金融機関に渡す書類の作成と確認**をします。この段階では決裁が終了しているので、公金支払通知書の内容の変更はできません。もしこの時点で間違いに気付いたのならば、決裁を最初からやり直します。

指定金融機関には、伝票そのものではなく、支出事務⑧の公金支払通知書に加え、会計管理者名義の口座から払い出すために必要な納付書や課別の送金データを渡さなくてはなりません。

このとき、最後の確認として、納付書払いの場合の納付書の内容や課別データの内容等のチェックを行います。資金前渡などで現金での払い出しを依頼したいときなどは、その伝票の種類ごとの金種表（千円札が何枚、百円玉が何枚といった必要数を示した表）を用意して依頼します。市長交際費といった場合は、祝儀などの関係で、新札を何枚でという依頼をすることもあります。

14

支出事務⑩

指定金融機関に書類を渡す

庁内の派出所と出張所・支店

・納付書
・データ入り USB
・金種表
etc.

指定金融機関への書類の作成と確認が終了したら、指定金融機関の行員に、手渡しで書類を渡します。会計課と指定金融機関は、隣同士にあるのが一般的です。

この指定金融機関が市役所内にある場合、「**派出所**」という形が多いです。派出所の場合は、国の指導により、派出先の自治体の業務しかできません。すなわち、県や国に納める税金等の収納などは行えません。一方、「**出張所**」や「**支店**」が市役所内にある場合は、市役所の業務だけでなく、銀行業務ができますので、**県や国に納める税金等も扱ってくれます。**

指定金融機関とは？

ここまで、「指定金融機関」という言葉が何度も登場していま

すが、ここで、おさらいの意味を含めて詳しく説明します。**指定金融機関というのは、「金融機関制度」で定められた、それぞれの自治体にとってのメインバンクのことです。**

　自治体の出納事務は、会計管理者が行うのが建前です。しかし、自治体の出納事務は、その取扱いが途切れることなく行われ、事務量も多く、かつ、その内容が複雑多岐にわたることなどのため、これを会計管理者の下ですべて行うことは事実上不可能です。

　そこで、出納事務の効率的運用と安全を図る見地から、現金の出納事務について、最も熟達している銀行、その他の金融機関にそれらの事務を処理してもらい、会計管理者は、支出命令の審査事務を確実に行うことができるようにしたのが、金融機関制度における金融機関の指定の趣旨です。

　金融機関の指定とは、地方自治法施行令で定める指定金融機関、指定代理金融機関、収納代理金融機関の全部を含めて指定する意味です。ここでいう「金融機関」とは、地方自治法の定めるところによって、金融機関と称せられているものすべてを指しています。しかし、指定金融機関として指定された場合は、地方自治法の規定による種々の制約の範囲内において自治体の公金の収納および支払い事務を取り扱うことができる金融機関となります。なお、すべて指定に基づく具体的な契約の締結がないかぎり、指定金融機関としての効力は発生しません。

　金融機関の指定は、都道府県においては義務付け、市町村は任意ですが、市ではすべて金融機関を指定しているくらいに普及しているのが現状です。つまり、会計課の業務に金融機関はなくてはならない存在なのです。

　金融機関の指定に別段の制限はありませんが、指定金融機関、指定代理金融機関、収納代理金融機関が金融機関の指定に含まれる対象となります。まとめてみると、次のようになります。

■指定金融機関
　自治体の議会の議決を経て、金融機関のうちから１つを指定し、当該自治体の公金の収納及び支払いを取り扱わせるものをいいます。
■指定代理金融機関
　自治体の長が指定する金融機関で、指定金融機関の取り扱う収納および支払いの両方の事務の一部を、代理して取り扱うものをいいます。現実的に、支払い事務は指定金融機関のみというところが多いと思いますので、指定代理金融機関はあまりないことが多いでしょう。
■収納代理金融機関
　自治体の長が指定する金融機関で、指定金融機関の取り扱う収納の事務の一部のみを代理して取り扱うものをいいます。

　自治体の長が、指定金融機関、指定代理金融機関または収納代理金融機関とする金融機関を指定し、または指定の取消しをしようとするときは、公金取扱いおよび責任の関係から、あらかじめ指定金融機関の意見を聴かなければならないとされています。ただし、長はこの意見に拘束されるものではありません。

　指定金融機関の責務は、メインバンクとして、自治体のお金の収納または支払いについて、自治体に対し、指定代理金融機関や収納代理金融機関を統括する機関であることです。自治体のお金の収納または支払いの事務については、自己の指定金融機関の責任のみならず、指定代理金融機関および収納代理金融機関において取り扱う事務まで、すべての責任を負うというものです。指定金融機関は、その責任を担保する意味もあって、自治体の長の定める現金などの担保を提供することが義務付けられています。

15／支出事務についての振り返りQ&A

Q1　伝票って何種類あるの?

A1　伝票の種類は、大きく分けて3種類です。簡単に説明すると、お金が入ってきた場合(一般的には「入金伝票」)・お金が出ていく場合(一般的には「出金伝票」)・お金の変動がない、すなわち伝票の訂正や振り替えなど(一般的には「振替伝票」)となります。

さらに、出金伝票の中にはたくさん種類があります。お金が出ていく場合に、口座振替や資金前渡、前金払といろいろな支出の手続の種類があるため、伝票の名称を変えて区別しています(P.74 参照)。

Q2　伝票の〆切はいつなの?

A2　伝票は請求書を受理してから作成しますが、遅延防止法に触れないように早めの支払予定日を設定して、請求書に記載された支払日より10日前が〆切と思って、会計課に提出してもらえれば充分でしょう(P.93 ※7 参照)。

Q3 「急ぎの伝票」を手配してって 言われたけど……どういうこと?

A3 業者から請求書が来たのに処理が遅れてしまった。あらかじめ〆切が定められていたのに、なんらかの事情で、〆切の数日前に伝票処理が行われていないことに気付いた。こんな場合などが、「急ぎの伝票」になります。担当課の決裁を速やかに終わらせ、会計課に事情を話して、最短の支払いを依頼することになります(P.92以下参照)。

Q4 〆切が過ぎてしまった伝票はどうなるの?

A4 速やかに支払いの手続きをとる必要があります。方法として下記の3つの方法がありますので、まずは担当課でこの中から対応を検討してもらいます。

① 相手先の債権者(事業者など)からの了解を得られた場合などは、〆切の日にちを変更した請求書をもらってから、通常通りの手続をします。

② 〆切後の入金を相手先の債権者が了解した場合は、その旨を伝票等に「支払い期日が過ぎているが、○○事業者○○様了解済」と記載した上で処理をします。

③ 〆切の過ぎた理由が、自治体側にある場合などで、①②の対応ができない場合などは、延滞金や遅延利息などの賠償金を併せて支払う必要があります。この場合、予算科目としては「補塡、補償及び賠償金」からの支出となります(P.60参照)。

Q5 伝票が提出されるまでの流れって?

A5 伝票が提出されるまでの流れは、簡単にいえば、「決裁の流れ」です。例えば、備品を購入する場合の流れは次の通りです。

第 1 段階　支出負担行為の伝票　担当者➡係長➡課長
　（内容により、次長、部長、副市長、市長の決裁が必要な場合
　もあります）
第 2 段階　支出命令の伝票　担当者➡係長➡課長
　（内容により、次長、部長などの決裁が必要な場合があります）

　　第 1 段階の決裁は、「備品を購入してもいいですか？」に対
する決裁であり、第 2 段階の決裁は、「備品を買ったので、お
金を支払ってもいいですか？」に対する決裁となります。通
常は、支出負担行為の決裁のほうが支出命令の決裁より上の
上司にもらう必要があります（P.84 以下参照）。

Q6　伝票だけじゃない他の書類も必要なの？

A6　伝票の内容を確認するための書類が必要です。請求書、納
品書、明細書などがそれです。伝票と併せて添付する書類等は、
自治体の規則等で定められています（P.80 以下参照）。

Q7　伝票の受領印は必要なの？

A7　会計課で受領した証明として印を押します。これにより、
受領印が押されている日付以降は、会計課に書類があること
がわかります。請求書の日付と受領印の日付の間隔が空きす
ぎている場合などは、会計課から担当課に理由を聞くことが
あります。伝票の処理過程を明らかにするためにも、必ず必
要です（P.76 以下参照）。

Q8　不備があった伝票はどうするの？

A8　不備の内容にもよりますが、請求書内容の入力ミスといっ
た担当課での間違いは、再度担当課で伝票の入力をした後、
決裁をもらうことになります。伝票の内容ではなく、添付書

類の請求書などに間違いがある場合は、担当課を経由して債権者からもらい直しをしてもらい、再提出となります。この場合、数日で処理が終わるようでしたら伝票は保留扱いにもできますが、日数がかかるようでしたらいったん伝票は取り消します（P.80以下参照）。

Q9　請求書は必要なの？

A9　一般的な要件は本書P.57を参照してください。
　　参考までに習志野市財務規則第65条の一部を紹介します。「……請求書の内容及び計算の基礎を明らかにした明細の記載があり、債権者の押印がなければならない。」。

Q10　なぜ納品書は必要なの？

A10　履行の確認方法として納品書が必要です。例えば、消耗品などを購入した場合に、確かにその注文品であることがわかる内容（例：Ａ4のコピー用紙500枚、色や厚さなども含め指定通りか）が記載されていなければなりません。注文時に見積書を求めている場合はその内容となり、請求書の内訳とも同じ内容になります（P.44以下参照）。

Q11　完了報告書はどんなときに必要なの？

A11　納品書と同じで、履行の確認のために必要です。物品の購入などは納品書でわかりやすいのですが、修繕や工事などはそれが確かに終了したかどうかを確認するために、債権者である事業者から提出してもらうものです。要件は契約の内容や自治体で異なることがありますが、要は、依頼した内容の工事等が終了したことがわかる書類である必要があります（P.53以下参照）。

Q12　会計管理者って一言でいうと誰？

A12　「都道府県や市町村の会計事務を担う、自治体の長の補助
機関の１つ」。

　　つまり、厳密には人でなく組織ということになります。す
なわち、会計管理者という組織に、会計管理者を１人置くイ
メージです。この制度は、平成 18 年の地方自治法の改正によ
り、従来、議会の同意が必要な特別職であった都道府県の出
納長および市町村の収入役に替わって設置されたものなので、
案外新しい制度なのです（P.29 以下参照）。

PART.3

収入事務の
きほんと進め方

収入一覧表　令和○年○月○日

内容欄	誰から	いくら
住民税	○○さん他○名	〜〜 円
固定資産税	△△さん他○名	〜〜 円
○○施設使用料収入	□□ さん	〜〜 円
住民登録関係証明手数料	◎○さん他○名	〜〜 円
財産貸付収入	□△さん	
⋮		

　さて、支出事務のために必要なお金を、
収入事務できっちり集める必要があります。
自治体はもうけを目当てにしていないので、
もらいすぎることもあってはいけません。
　その反面、住民の福祉の向上のため、
適切に予算としての収入を確保しなければ、
自治体のあらゆる業務がまわらなくなってしまいます。

01 / 収入事務の基礎

税金だけが収入じゃないの?

収入とは、自治体の各般(=それぞれの方面・分野)の需要を充たすための支払いの財源となるべき「現金等の収納」のことをいいます。主な収入とは **3-1** の通りです。

3-1 自治体の主な収入

主な収入と区分(原則)

	自主財源 自治体自ら徴収する収入	依存財源 国や県から受け入れる収入
一般財源 使い道が決まっていない収入 ？	・地方税 など	・地方交付税 ・地方譲与税 ・ゴルフ場利用税 など
特定財源 使い道が決まっている収入 ！	・分担金 ・負担金 ・使用料 ・手数料 ・寄付金 など ・財産収入	・国庫支出金 ・地方債 など

自治体の収入は、地方自治法に規定されています。その一部が、以下の通りです。

■地方自治法

> （地方税）
> 第223条　……法律の定めるところにより、地方税を賦課徴収することができる。
> （分担金）
> 第224条　……必要な費用に充てるため、……特に利益を受ける者から、その受益の限度において、分担金を徴収することができる。
> （使用料）
> 第225条　……行政財産の使用又は公の施設の利用につき使用料を徴収することができる。
> （手数料）
> 第227条　……特定の者のためにするものにつき、手数料を徴収することができる。
> （地方債）
> 第230条　……別に法律で定める場合において、予算の定めるところにより、地方債を起こすことができる。

▶ 収入の種類分け「財源区分」

　自治体の収入は、いろいろな視点で種類分けされています。例えばまず、**自主財源**と**依存財源**の区分があります。

　「自主財源」とは、自治体が自ら徴収する収入です。地方税のほか使用料、手数料、分担金、寄付金、財産収入などがあります。

　一方、**国や県などから受け入れる収入を「依存財源」**と呼びます。地方交付税、地方譲与税、国庫支出金などがあります。

　また、別の種類の区分としては、**一般財源**と**特定財源**です。

　「一般財源」は、使途があらかじめ決まっておらず、いかなる経費にも使用できる収入です。具体的には、地方税や地方交付税などがあります。一方、**「特定財源」は、あらかじめ使途が決まっている収入**です。具体的には、国庫支出金、地方債などがあります。

❯❯ 収入の方法にルールはあるの？

　以上の「収入」に関する前提知識を踏まえて、収入事務について説明していきます。**収入事務は、予算に基づいて現金を収納する一連の行為に係る事務**のことです。具体的には、①**徴収**（歳入の調定と納入の通知）と、②**これに基づいて現金を収納する行為**に区分されます。なお、歳入とは、1会計年度の収入のことです。地方自治法では下記の通り、収入事務のルールを規定しています。

■地方自治法

> （歳入の収入の方法）
> 第231条　……歳入を収入するときは……調定し、納入義務者に対して納入の通知をしなければならない。

　つまり、収入事務の基本は「調定」と「納入の通知」だということです。この内容は、地方自治法施行令第154条に詳しく規定があります。この内容は、どの自治体も守る必要があります。ポイントは以下の3点です。

> ①　歳入の調定は、当該歳入について、所属年度、歳入科目、納入すべき金額、納入義務者等を誤っていないかどうか、その他法令または契約に違反する事実がないかを調査しなければなりません。
> ②　歳入を収入するときは、地方交付税、地方譲与税、補助金、地方債、滞納処分費その他、その性質上納入の通知を必要としない歳入を除き、納入の通知をしなければなりません。
> ③　納入の通知は、所属年度、歳入科目、納入すべき金額、納期限、納入場所および納入の請求事由を記載した納入通知書でこれをしなければなりません。ただし、その性質上、納入通知によりがたい歳入については、口頭、掲示その他の方法によってこれをすることができます。

02 / 「調定」と 「納入の通知」

▶「調定」と「調停」の違い

この地方自治法における「調定」は、裁判などの「調停」と間違いやすいので注意が必要です。ここでは**調定**です。自治体特有の非常に重要な言葉ですので、覚えてください。

調定の運用については、自治体がそれぞれ手続きマニュアルのようなものを規則で定めているのが一般的です。ここでは、調定の意味と具体的な内容説明を含め、習志野市の例で紹介します。

調定とは、自治体の歳入を徴収する際、自治体の長がその歳入の内容（所属年度、歳入科目、納入金額、納入義務者等）を調査し、収入すべきことを決定する内部意思決定行為です。つまり、「○○のために必要な収入だ」と、収入を得る権利を長が責任をもって対外的に主張することです。具体的には、調定が行われた後、会計課に調定決議書（調定の概要が記されたもの。その他証拠書類は担当課保管をします）を提出することで、直ちに会計管理者へ通知されます。

調定は、歳入予算を執行する（1年間の収入を確定する）意思決定行為なので、原則、納入通知を収納の前に行う必要があります。当然ながら、自治体にお金を支払う人に向けて、「お金を支払ってください」という通知を、実際に支払ってもらう前に送るとい

うことです。ただし、窓口等での収入（住民票の写しなどを発行する際の手数料）の場合は、事前に調定することができないので、例外的に現金収納後に調定とします。また、財政担当部長が特に必要があると認める収入は、その月の末日に当該月の収入を合計した額をもって調定します。すなわち、支払いをした人には通知を省略して、事後的な調定決議書を内部的に作成し、会計課に提出します。

▶ 調定の時期と金額

　調定の時期をどの年度にするかは重要な決定事項です。調定は、会計年度独立の原則に基づき、必ず年度内（収入の原因が発生した年度の3月31日まで）に処理をしなければならないからです。

　これについては、地方自治法施行令第142条の中で、主に次のように定められています。

---

① 　法令や契約によって時期の一定している収入
　➡その納期の末日の属する年度
　〇契約により納入が定められている賃借料
　〇条例で納入期限が定められている公営住宅の家賃など
② 　随時の収入で、納入通知書等を発しているもの
　➡通知書等を発した日の属する年度
　〇手数料　〇分担金など
③ 　臨時の収入で、納入通知書を発しないもの
　➡領収した日の属する年度

調定の時期及び額について（例）

	予算科目	調定の時期	調定の額
1	市税		
	現年度分	賦課額を決定したとき	賦課決定した額
	滞納繰越分	滞納額を繰越したとき	滞納繰越した額
2	地方譲与税	交付決定のあったとき	交付決定のあったとき
3	利子割交付金	交付決定のあったとき	交付決定のあったとき
4	配当割交付金	交付決定のあったとき	交付決定のあったとき
5	株式譲渡所得割交付金	交付決定のあったとき	交付決定のあったとき
6	地方消費税交付金	交付決定のあったとき	交付決定のあったとき
7	自動車取得税交付金	交付決定のあったとき	交付決定のあったとき
8	地方特例交付金	交付決定のあったとき	交付決定のあったとき
9	地方交付税	交付決定のあったとき	交付決定のあったとき
10	交通安全対策特例交付金	交付決定のあったとき	交付決定のあったとき
11	分担金及び負担金	負担額の確定したとき	負担の確定した額
12	使用料及び手数料		
	一般的なもの	使用許可をしたときまたは収入を決定したとき	納入通知書により徴収しようとする額
	金銭登録機によるもの		
13	国庫支出金	交付決定のあったとき	交付決定のあった額
14	県支出金	交付決定のあったとき	交付決定のあった額
15	財産収入		
	財産運用収入	単年度貸付のものは契約を締結したとき、長期貸付のものは年度当初	契約金額
	基金運用収入	収入を決定したとき	収入を決定した額
	利子及び配当金	支払期日が到来したときまたは支払通知があったとき	収入を決定した額
	財産売払収入	契約を締結したとき	契約金額
16	寄附金	寄附受入れを決定したとき	寄附受入れを決定した額
17	繰入金	繰入を決定したとき	繰入を決定した額
18	繰越金	繰越したとき	繰越した額
19	諸収入		
	延滞金・加算金及び過料	収入を決定したとき	収入を決定した額
	市預金利子	収入を決定したとき	収入を決定した額
	貸付金元利収入	収入を決定したとき（長期に係るものは年度当初）	契約金額
	受託事業収入	収入をしたとき、または利益配分金の通知があったとき	収入した額、または利益配分金の通知があった額
	雑入	収入金の種別に応じて上記をそれぞれ準用する	
20	市債	借入れを決定したとき	借入れを決定した額

出所）「会計事務の手引き」習志野市会計課参照。

調定の時期と金額については、自治体の財務規則等で定めるとともに、会計の手引きなどでわかりやすく職員に伝える必要があります。習志野市の例で説明します。

▶ 納入の通知方法

さて、調定により収入すべき金額を確定した後は、納入義務者に対し納入の通知を行います。**通知は、①納入通知書、②口頭、③掲示等の方法で行います。**

納入通知書による場合は、あらかじめ納入義務者に通知しなければなりません。例えば、納期限の7日前までというように、財務規則等で定めるのが望ましいです。

▶ 収納の方法

収納は、❶金融機関、❷出納職員、❸収納事務受託者、❹指定代理納付者が行います。

❶ 金融機関が行う場合

自治体の収納事務を取り扱う金融機関（指定金融機関、収納代理金融機関）では、「現金」「口座振替」「証券」により、収納を行うことができます。

❷ 出納職員（公金を取り扱える職員）が行う場合

定められた業務について、市役所窓口等で直接収納することができます。定められた出納職員以外の職員は、現金を扱うことはできないので、注意が必要です。この「出納職員」は、自治体の業務のうち、地方自治法に定められた会計管理者が司る業務（会計業務）の一部（現金の直接収納）を委任された職員のことです。

収納した現金は、出納職員によって当日、やむを得ない場合に

は翌日に、現金払込書と一緒に指定金融機関の総括店に持参すると、会計管理者名義の口座に入金されます。

納入通知書と現金払込書は、使用方法が異なります。納入通知書は、納入義務者が金融機関に支払いをする際に使用するもので、現金払込書は、出納職員が役所の窓口で直接収納した現金を金融機関に支払う際に使用するものです。

❸ 収納事務受託者が行う場合

❶と❷以外にも収入の確保及び住民の便益に増進する場合に収納事務の一部を委託することができます。

収納事務委託を受けた者は、収納事務受託者として収納行為をすることができます。例えば、シルバー人材センターは、勤労会館使用料・市民会館使用料・自転車等駐車場の一時利用手数料・放置自転車移送保管料などを収納することができます（地方自治法施行令第158条）。

❹ 指定代理納付者が行う場合※指定納付受託者制度へ変更（2022年1月4日施行）

納入義務者が、指定代理納付者に納付させることを申し出た場合は、指定代理納付者が、当該歳入を納付することが認められています（※旧地方自治法第231条の2第6項）。これは、クレジットカード等の利用実態を背景として、平成18年6月の地方自治法の改正により規定が追加されたものです。

指定代理納付者が収納を行うとは、具体的にはクレジットカードや電子マネー利用等による収納方法のことです。つまりこの場合、クレジット会社等が指定代理納付者となります。例えば、習志野市では、「クレジットカード等による寄附金（ふるさと納税）の収納」と「電子マネーによる自転車等駐車場一時利用手数料の収納」について取扱いを認めています。

▶ 収入における指定金融機関の役割

　自治体の出納は、会計管理者が司るのが建前ですが、決算手段の多様化による住民利便の向上の観点などから、収納事務受託者や指定代理納付者等も収納の一部を担うようになってきました。しかし現実的には、出納事務の効率的な運営と安全を図る見地から、出納事務の大部分は金融機関に任せています（地方自治法第235条、同施行令第168条）。

　指定金融機関とは、自治体がお金の取扱いをするのに適しているとして指定した金融機関です。都道府県は必ず指定金融機関を指定して、公金事務を処理させなければなりませんが、市町村の規定は任意であることは既に説明した通りです（P.100参照）。現実にはほとんどの自治体が金融機関を指定しています。収納代理金融機関は、自治体の長が必要と認めるときには、指定金融機関の取り扱う収納事務の一部を取り扱わせるために指定されるものであり、その数や地域にも制限がありません。

■自治体の公金取扱いの流れ（金融機関に払い込まれた場合）
① 収納代理金融機関……………公金の収納事務を行う
　↓
② とりまとめ店（P.135参照）……収納代理金融機関のうち、とりまとめをする店舗
　↓
③ 指定金融機関（総括店）…… 公金の収納および支払いの事務を総括する店舗、指定金融機関の総括店以外の店舗で収納された公金も、総括店に送金されます。

　銀行に払い込まれたお金は、上記①から③を経て、納入済通知書とともに会計課に届けられます。

なお、郵便局は、市税等の収納のみ取り扱っています。ここでいう市税等（習志野市の場合）とは、市民税・固定資産税・都市計画税・軽自動車税・国民健康保険料・介護保険料・後期高齢者保険料等を指します。

収納の手順

　指定金融機関（総括店）から収入日の２営業日後に納入済通知書が会計課に届けられます。その通知書を、その日の内に会計課の財務会計システムへ入力して収入票を作成します。会計課で入力処理された収入は、納入済通知書に収入票を添付して担当課に送付されます。そこで、担当課にて整理簿（調定金額の収入があったかどうかの記帳をするもの）の記入・調定決議書の起票の有無等の確認をします。

　収入票には、**収入日・会計年度・収入科目・件数・収入金額**が記載されています。収入票に会計課での入力誤り等がある場合は、会計課での処理日（収入日の２営業日後）の翌日の午前中までに会計課へ連絡します。このときまでに連絡があった場合は、収入票を訂正後に担当課に返却します。以後の修正は、収支日計表（収入と支出の一日の取引を記載し、指定金融機関の口座残高と合っているかを確認する資料）の訂正をする必要があることから、振替命令書（振替〈つまり実際は金銭を出し入れせず、収入と支出の帳尻を合わせること〉を長が命令する伝票）による処理となります。

収納日と収入日の違い

　収入票中の収入日は、自治体のお金として収支日計表に計上します。「収納日」と「収入日」は習志野市財務規則第 47 条で定義さ

れています。わかりやすく説明すると次の通りです。

収納日（領収書の日付）　…納入義務者が金融機関（窓口）や出納
　　　　　　　　　　　　　職員等に支払いをした日
収入日（収入票の収入日）…指定金融機関の総括店の口座（指定
　　　　　　　　　　　　　金融機関の会計管理者名義の口座）
　　　　　　　　　　　　　に入金された日

　収納日と収入日を区分するには、理由があります。

　税金等を住民が納める場合には、「納期限」というものがあります。その期日を過ぎた場合は、「延滞金」の対象となります。住民は、銀行の窓口で支払った日が納期限内であればOKだと思っています。その支払日を「収納日」といいます。

　法律的に考えると、この「収納日」で日計表をつくることができればよいのですが、実際は収納を確認する際のタイムラグや、都度の確認が難しいことから、収納日ごとに整理することは不可能です。そこで、「収入日」といって、会計管理者名義の口座に入金された日で、日計表などを整理しています。

　収納日と収入日の間に数日の開きがあるので、出納閉鎖日（5月31日）前後は特に注意する必要があります。既に支出のところでも説明しましたが、収入の場合でも、会計年度は、毎年4月1日に始まり、翌年の3月31日に終わります。つまり、収入の原因が年度内の3月31日までに発生したものは、その年度の収入として処理しなければなりません。そこで、未収の債権の回収のための整理期間である「出納整理期間」（翌年4月1日〜5月31日）が設けられています（P.34以下参照）。

　例えば、5月31日に指定金融機関以外の銀行で前年度の公金が収入された場合、通常は6月1日以降に指定金融機関に送金されます。したがって、収入日は6月1日以降になり、前年度においては収入未済となってしまい、帳簿の見栄えが悪くなります。

見栄えが悪くなると、それについてなぜ収納未済が出たのかという確認や指摘が議員などから出るため、できる限りなくしたほうがよいのです。

そこで、5月31日までに前年度分として収入処理するためには、直接、指定金融機関で納入するか、他銀行であれば早め（出納閉鎖日の10日ほど前）に納入してもらう必要があります。

6月1日を過ぎた場合は、新年度の収入になり、6月1日に過年度分の歳入として、処理することになります（地方自治法施行令第160条）。

❯ その他の収入事例

ここまでの説明のような「調定」➡「納入通知書」による収入以外の収入事例もあります。ここでは**「歳出戻入」「振替収入」「還付未済金の取扱い」「戻入未済金の取扱い」**という主な4つを紹介します。

① 歳出戻入（さいしゅつれいにゅう）

歳出の誤払い、または過渡しとなった金額を返納させる場合には、収入の手続きの例によって、これを当該支出した経費に戻入しなければならないとされています。これを「歳出戻入」と呼び、自治体の収入の1つに数えられています。

例えば、正当債権者でない人に誤って支出してしまった場合や、正当債権者に支出したものの金額を多く渡してしまった場合です。この場合、通常の歳入として取り扱うと、その額と同額を再度、歳出予算に計上しなければなりません。本来の予算の内容でないため、当該支出した経費（予算科目）にそのまま戻入するという方法をとるのです。

なお、歳出戻入は、収入であっても、通常の収入処理ではない

ため、収入票が作成されません。したがって、それに代わるものを出力するか、そうでない場合は、会計課で入金が確認された旨を担当課に連絡するなど、自治体ごとに方法が決まっています。

② 振替収入

支払い（歳出、歳入還付[8]）が、そのまま自治体の収入（歳入、歳出戻入）となる場合には、実際に現金を支出して収入とすることはせずに、「振替処理」をします。この収入を「振替収入」と呼びます。具体的には、次のような場合です。

---

[8]
歳入還付（地方自治法施行令第 165 条の 7）
　誤納または過納金の戻出（還付）は支出の手続きで行う。

---

❶ 滞納者の預金等を差押えして、その代金を歳入歳出の現金以外として預かっていた場合に、滞納している税金（住民税など）に、その代金を充当するときには、滞納者が税金を納入したこととします。つまり、差押えした分で税金などの滞納分が賄えるときは、滞納者はその滞納分を納入したとしてよいということです。

❷ 粗大ごみを取り扱う業者に、一定の手数料を支払う契約をしている場合に、その業者が手数料を差し引いて自治体に納入することを認めたとします。そのときに例えば、1,000 円の委託料と 100 円の手数料を支払う契約の場合、本来であれば 1,000 円を自治体に納入させ、その後に手数料として 100 円を業者に支払うべきですが、それではお金の取引や事務が煩雑になってしまいます。業者には 900 円を納入させ、振替収入という形で収入と支出の処理を行うことにより、1,000 円の収入と 100 円の支出の決算ができるようになります。この方法は、振替収入の中でも特に「繰替払」といい、地方自治法施行令第 164 条で認められています。

❸　公営住宅の入居者が退去した場合、未納の家賃があったときなどに、自治体で敷金を預かっていれば、その敷金で精算をして、公営住宅の収入とする場合です。

❹　誤って収入処理をしたものについて、正しい収入先に収入を差し替える方法です。例えば本来、こども園保育料としなければいけなかったのを、誤って幼稚園保育料としてしまった場合などは、幼稚園保育料の収入を減額して、こども園保育料の収入処理をすることになります。

①②のような処理は、会計課が内容に応じて添付書類（過払い・誤払いの理由がわかるような書類の写しなど）を求めることになります。

以下、歳入に関連して、特殊な「還付未済金」と「戻入未済金」について説明します。

③　還付未済金の取扱い

「還付未済金」とは、歳入において誤納または過納となった金額を納入者に払い戻そうとしたものの、出納閉鎖日までに返すことができなかったものをいいます。

事例としては、2つのパターンがあります。1つめは、納入義務者側の誤りで、納付書で納付したにもかかわらず、納付していないと思い、納付書の再発行と再度払い込みをしてしまった場合です。2つめは、自治体側の誤りで、本来1万円の納付額にもかかわらず、2万円の納付書を送付してしまった場合などです。

速やかに返済の処理をとる必要があるのですが、例えば、返済する相手が亡くなってしまったり、所在がわからなかったりする場合には、事務の手続きが間に合わないこともあります。本来であれば、多くもらい過ぎた収入科目から返済するので、決算額は変動がないのですが、返せない場合は、本来の収入より多い決算

の数字になってしまいます。そのため、「決算書（正確には、「決算事項別明細書」）還付未済金〇〇円」と記載する自治体もあります。

　次年度以降に返却できる場合は、新たに支出の科目（22節：償還金、利子及び割引料）で返却することになります。もともと、返却の見込みがあるお金ということで、保管金会計などで保管している場合は、ここから支出します。

④　戻入未済金の取扱い

　「戻入未済金」とは、歳出において、誤払いまたは過渡となった金額がある場合に、返納してもらうよう手続きをしたものの、相手方から返されなかった場合です。ここでいう誤払いとは、支出の原因がないにもかかわらず、誤って支出されたことです。過渡しとは、正当債権者に対する支払いにおいて、計算間違いなどにより、正当な金額を超えて支出されたことです。

　要するに、なんらかの間違いで多くお金を渡してしまったので、その分の返却を求めたにもかかわらず、出納閉鎖日までに返ってこなかった場合、これが「戻入未済金」となります。

　当然、返却してもらわなければなりませんので、出納閉鎖日の翌日の６月１日付で、歳入（雑入の科目等）の調定伝票を起票することになります。

03 / 収入の 2つの流れ

原則的な収入の流れ

3-2 収入の流れ

収入のフロー（原則）

① 調定

長 OK

担当課

支払いお願いします
通知書

② 納入の通知

納入義務者

③ 納付 領収書

⑥ 収入票

納入義務者さん、ちゃんと納税してくれましたよ

会計課

きちんと記録するぞ

⑤ 収入・収納処理

[○3] & 通知

④ 納入済通知書の送付・収納金の送金

金融機関 BANK

3－2は、収入事務の原則的な流れを示しています。P.20～
23にくわしくまとめられていますので、ご参照ください。

❯ 例外的な収入の流れ

3－3　例外的な収入の流れ

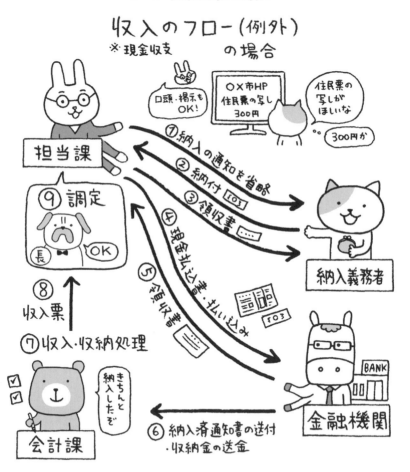

次に、例外的な収入の流れについて紹介します。例えば、住民
が住民票の写しを役所に取りに来た場合を考えてみてください。

まず①**納入の通知**をしなければなりませんが、住民票の写しを取りに窓口に来ている住民を待たせて、わざわざ調定をしてから納入の通知をするような時間的余裕はありません。この場合は、納入の通知の代わりに、役所の窓口に「住民票の写しの手数料は300円」などといった掲示（ポスターを貼るなど）をしておきます。これが①納入の通知の代わりです。口頭での確認の場合もあります。また、手数料の金額は手数料条例などを定めて、各自治体で決めておく必要もあります。

　次に、②**納入義務者（住民）の納付**です。納入義務者は300円で住民票の写しをもらうことを納得して、300円を納付します。

　ここで、③**担当課の職員は納入義務者に領収書を渡します**。規則等で定めれば、レシートでの交付も可能です。ここでは、担当課の課長が「出納員」ということで、出納員として領収書を渡すことになります。担当課（出納員）は、金融機関にこの収納金の払い込みを行います。これは④**払い込み**の段階で、「現金払込書」を用いて行います。

　自治体から払い込みを受けた**金融機関は、⑤領収書を作成し、担当課（出納員）に渡します**。そのとき、金融機関は「公金の収納」をしたので、会計課にそれを知らせる必要があります。そこで⑥**金融機関は会計課に、「お金を納入義務者から受け取りました」という納入済通知書の送付と収納金の送金**をします。

　これを受けて、会計課は収納金をきちんと受領したことをシステムに入力します。これが⑦**収入・収納処理**です。

　その際に出力された収入票と納入済通知書を担当課に回付（返却）します。これが⑧です。

　その後、担当課は収入・収納処理（消し込み作業）をします。

　最後に、担当課は収入・収納処理と同時に⑨**調定**を行います。原則的な収入の流れとの大きな違いは「調定」が最後の手順になっているところです。そのため、事後調定とも呼ばれています。

04/ 収入の 予算科目

「収入」と「歳入」と「予算」の関係

3-4　予算から収入までの流れ

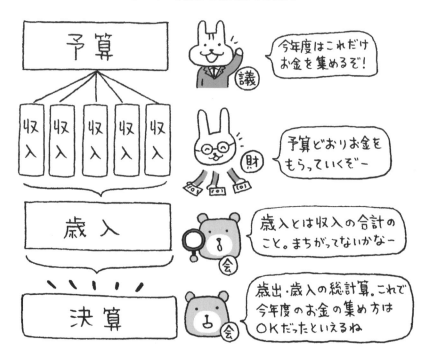

ここで「収入」「歳入」「予算」という言葉を整理します。

まず、**「収入」とはお金が入ってくること**です。この収入は、あらかじめ「調定」行為がされていて、お金が入ってくることが予定されています。1件1件の伝票（収入票）の段階では、「収入」ということになります。

　一方、**「歳入」**とは、自治体の1年間の会計年度の収入のことをいいます。つまり、収入の総計です。この歳入が、決算の数字になります。

　収入における**「予算」とは、どのような理由でお金が入ってきたかを整理するためのもの**です。その性質に従って、「款」に大別し、かつ各款中において、さらにこれを「項」に区分していきます。

予算科目の分類

　収入の予算科目の中の「款」「項」の内容は、歳出と同様に議会の議決の対象となるものなので、会計課の職員に限らず自治体職員としては覚えておきたい内容です。以下がその「款」「項」の例です。

歳入の「款」「項」（例）

款	項	内容
市町村民税 （地方税）	市町村民税	住民等に行政経費の一部を負担させる税
	固定資産税	土地、家屋及び償却資産に対して課税される税
	軽自動車税	軽自動車の所有者に対して課税される税
	市町村たばこ税	たばこの消費等に課税される税
	鉱産税	鉱物の掘削の事業に対して課税される税
	特別土地保有税	投機的な目的で土地の取得等に課税される税
	入湯税	入湯客の入場行為に対して課税される税
	事業所税	事業者等の新築に対して課税される税

	都市計画税	都市計画区域内の土地又は家屋に課税される税
	水利地益税	水利に関する事業等の費用に充てるために、利益を受ける者に対して課税される税
	共同施設税	共同作業者、共同倉庫、共同集荷場、汚物処理施設等施設の費用に充てるために、利益を受ける者に対して課税される税
	○○税	法定外普通税を徴している場合は、原則として「項」として計上します。 （市町村事例）別荘等所有税、砂利採取税、使用済燃料税、産業廃棄物埋立税等
	旧法による税	地方税の改正等により現行法は存在しない税について、課税権があり、当該年度において収納される税
地方譲与税	地方揮発油譲与税	地方税揮発油税法の規定による地方揮発税の収入額に相当する額が譲与されます。従来の地方道路譲与税の名称が改められました。
	自動車重量譲与税	自動車重量税の規定による自動車重量税の収入額の3分の1（当分の間は1000分の407）に相当する額が譲与されます。
	地方道路譲与税	平成21年度税制改正（道路特定財源の一般財源化）により、名称が「地方道路譲与税」から「地方揮発油譲与税」に改正されました。
	森林環境譲与税	私有林人工面積、林業就業者数、人口により交付します。
利子割交付金	利子割交付金	都道府県は、納入された利子割額から事務費を控除した残りの5分の3に相当する額を市町村に交付します。
配当割交付金	配当割交付金	都道府県は、納入された配当割額から事務費を控除した残りの5分の3に相当する額を市町村に交付されます。
株式等譲渡所得割交付金	株式等譲与所得割交付金	都道府県は、納入された株式等譲渡所得割額から事務費を控除した残りの5分の3に相当する額を市町村に交付されます。
地方消費税交付金	地方消費税交付金	都道府県は、都道府県間における精算後の地方消費税収入額の2分の1に相当する額を人口及び従業員数に応じて市町村に交付します。
自動車税（環境性能割）交付金	自動車税（環境性能割）交付金	都道府県は納入された自動車税の44.6%は市町村道の延長と面積に応じて市町村に交付します。

地方特例交付金	地方特例交付金	地方特例交付金等の地方財政の特別措置に関する法律（平成11年法律第17号）により、恒久的な減税に伴う地方税の減税額の一部を補てんするために、将来の税制の抜本的な見直し等が行われるまでの間に交付される交付金です。
地方交付税	地方交付税	所得税、法人税、酒税、消費税の一定割合及び地方法人税の全額とされている地方交付税は、自治体間の財源の不均衡を調整し、どの地域に住む国民にも一定の行政サービスを提供できるよう財源を保障するためのもので、地方の固有の財源です。
交通安全対策特別交付金	交通安全対策特別交付金	自治体が道路交通安全施設の設置及びその管理に要する経費に充てるため創設された財政制度であり、道路交通法128条1項の規定により納付される反則金に係る収入見込額から郵送取扱手数料相当額、通告書送付費支出金相当額を控除した金額が交付されます。
分担金及び負担金	分担金	自治体が特定の事業に要する経費に充てるため、当該事業によって利益を受ける者に対し、その受益を限度として公権力に基づいて賦課徴収する金銭です（自治法224条）。
	負担金	分担金と同じ性格を持つものです。自治法施行規則第15条で分担金と負担金を分けて示されていますが、実態としては両者の区分の実益は見当たりません。
使用料及び手数料	使用料	使用料は、行政財産の目的外使用又は公の施設の使用の対価として、その利益を受ける者から徴収するものです。
	手数料	手数料は、住民票や戸籍などの自治体の特定の行政サービスを受ける者から徴収するものです。
国庫支出金	国庫負担金	国庫負担金は、法律又は政令に負担の割合が定められています。 ※生活保護負担金（国3/4）など
	国庫補助金	国庫補助金は、国が自治体の施設又は事業を奨励発展させるために財政上特に必要がある場合に支出されます。 ※社会保障・税番号制度補助金（国10/10）
	委託金	委託金は、法令によって自治体によって義務付けられた事務でありますが、本来的に国が実施すべき事務を自治体が実施するのに必要な経費について交付されるものです。 ※自衛官募集事務委託金など
都道府県支出金	都（道府県）負担金	都道府県負担金は、法律又は政令に負担の割合が定められています。 ※応急仮設住宅借上費負担金（県10/10）など

	都（道府県）補助金	都道府県補助金は、都道府県が自治体の施設又は事業を奨励発展させるために財政上特に必要がある場合に支出されます。 ※子ども医療費助成事業補助金（県1/2）
	委託金	委託金は、法令によって自治体によって義務付けられた事務でありますが、本来的に都道府県が実施すべき事務を自治体が実施するのに必要な経費について交付されるものです。 ※県民税徴収委託金など
財産収入	財産運用収入	財産貸付収入、利子及び配当金など
	財産売払収入	不動産売払収入、物品売払収入、生産物売払収入など
寄附金	寄附金	寄附金収入は民法上の贈与で、金銭の無償贈与です。使い道が特定されない一般寄附金と使い道を限定した指定寄附金があります。
繰入金	特別会計繰入金	特別会計からの繰入金
	基金繰入金	基金会計からの繰入金
	財産区繰入金	財産区を設置している場合の財産区からの繰入金
繰越金	繰越金	自治体の決算の剰余金が自治法233条の2の規定により、各会計年度において決算剰余金が生じたときは、翌年度の歳入に編入しなければなりません。これを翌年度の歳入として編入する場合は、繰越金として受け入れます。
諸収入	延滞金、加算金及び過料	法に基づき徴収する延滞金、加算金及び過料のほか、他の法令の規定に基づき徴収する延滞金、加算金及び過料などの収入科目でまとめたものです。
	市（町村）預金利子	歳計現金及び歳入歳出外現金から生じた利子をいいます。財産（基金）から生ずる利子は財産運用収入（利子収入）となります。
	公営企業貸付金元利収入	地方公営企業法18条の2の規定により公営企業に貸し出された貸付金の元利償還金の収入です。
	貸付金元利収入	一般会計から自治体以外の者に直接貸し出された貸付金の元利償還金の収入です。
	受託事業収入	国庫支出金又は都道府県支出金に属する委託金以外の一般からの委託を受託した場合の事業収入の区分であって、例えば公社、公団等からの受託事業の収入などが該当します。
	収益事業収入	自治体に実施が許されている宝くじ事業、競輪事業、競馬事業及び競艇事業などの収入です。

	雑入	いずれの歳入科目にも該当しない場合の収入科目です。「目」として次のようなものがあります。 ・滞納処分費（自治法231条の3第3項） ・弁償金（自治法243条の2） ・違約金及び延滞利息（自治法234条） ・雑入
市（町村）債	土木債 ○○債	地方債は財源の不足を補い、もしくは特定の事業に充てる目的で、自治体の信用において資金を借り入れる収入です。

出所）地方税法施行規則・習志野市の例を基に一部筆者加工。令和2年度現在。

04

収入の予算科目

05 収入事務①
納入義務者への通知（担当課）

▶「会計課の仕事」ではない？

　自治体の収入は、納入義務者の支払いによって得られます。そのためにはまず、担当課から納入義務者へ、支払いをお願いする通知を出す必要があります。

　この後、実際に通知を受けた納入義務者が支払いをします。しかし、会計課における収入事務が具体的に始まるのは、 収入事務⑤ の納入書類の区分けからです。その間に行われるのは、本来は会計管理者が行う事務にもかかわらず、金融機関にお願いしている部分です。

　したがって、 収入事務②③④ に会計課の職員は実際には携わりません。しかし、本来は会計課の事務ですから、大まかなところまでは理解しておきましょう。ただし、具体的な流れは、自治体ごとに違います。例えば習志野市では、指定金融機関および収納代理金融機関に対して、毎年「公金事務取扱の手引」を渡して、事務処理に遺漏のないようにお願いしています。

❯ 通知での注意点

　特に納入義務者に気をつけてもらわなければいけないことは、**自治体には出納整理期間があること**です（P.34以下参照）。4月1日から5月31日までの出納整理期間は、新旧両年度にわたって金銭のやり取りが発生した事務を取り扱うので、必ず納入通知書等に記載されている年度区分を確認の上、区分して支払うようお願いが必要です。

06

収入事務②

収納代理金融機関 への払い込み処理

納入義務者の払い込み

役所に払う分です

昨年度の納付分ですね！承りました！

BANK

ここでは収納代理金融機関へ納入義務者が直接来る例で考えていきます。担当課から通知を受けた納入義務者が、収納代理金融機関に払い込みに来ます。そこで、収納代理金融機関には、会計管理者に代わって公金の収入をしてもらうことになります。

習志野市での公金の収納は、市で発行した納税通知書、納入通知書、納付書、歳出返納通知書、現金払込書等（「**納入通知書等**」といいます）に基づかなければできません。これらの納入通知書等は、**①納入者に交付する領収書、②原符兼払込金受領証（金融機関控）、③市に送付される納入済通知書等**からなっています。

収納代理金融機関では、納入者から公金を収納した場合、①②③すべてに領収印を押印し、①は納入者に手渡し、②③は現金とともに収納代理機関とりまとめ店※9への送付をします。

こうした書類を渡すときに、とりまとめ店で収納されたお金の区分をしてもらいます。大きな区分として、以下のような①歳計現金、②歳入歳出外現金、③基金があります。ここでは歳計現金が対象となります。歳入歳出外現金は一時的に現金を預かっているだけで納入義務者の払い込みではありません。また、基金は自治体の預金のようなものであり、必ずしも納入通知書を出して収納するわけでないことに留意する必要があります。

①	歳計現金……………歳入歳出予算に計上される一切の収入、または支出にかかる現金のことです。この中でさらに、会計ごとに区分されます。この会計の区分とは、一般会計、国民健康保険会計、公共下水道事業会計、介護保険会計、後期高齢者医療会計です。
②	歳入歳出外現金……市の歳入歳出予算に計上されない現金で、所得税、社会保険料、市営住宅敷金等です。
③	基金………………市の所有する財産の１つで、特定の目的のために財産を維持するため資金を積み立てるもの、または定額の資金を運用するために設けられたものです。

※9
全国に支店がある収納代理金融機関の指定を受けた場合は、本店・全国のどの支店でも収納事務ができます。このすべての本店・支店の中で、収納された公金とその情報を自治体と連携してとりまとめる「とりまとめ店」があります。このとりまとめ店は、市役所に地理的に近いところが指定される場合が多いです。とりまとめ店の事務の一部を、本店内部のセンターで処理する場合もあります。

06

収入事務②

収納代理金融機関への払い込み処理

❯ 歳出戻入時の処理

　しかし、こうした区分には留まらず、収納代理金融機関へ複雑な処理をお願いしていることがあります。「歳出戻入」の場合です。

　歳出戻入とは、支出したのちに、その額に変更が生じ、生じた差額を戻してもらう場合の処理です（P.119以下参照）。要するに、自治体がさまざまな理由から払い過ぎてしまった差額を、その相手から返してもらう場合です。

　歳出戻入は、収入と同じ処理をするものの、収入としては扱わず、支出が減った分を埋め合わせたものとして計算されます。したがって、自治体が払い過ぎてしまった相手に「払いすぎた分を払い戻して」とお願いする歳出返納通知を出して現金を支払ってもらったときは、他の納入通知書とは異なり「歳出戻入の納入通知書」として処理してもらいます。

　このように収納代理金融機関で公金を収入・収納を処理する場合、以下のようなさまざまな確認が必要なことがあります。その場合は、納入通知書等を発行した所管課や会計課に収納代理金融機関から収納してよいかどうかの問い合わせもあり、その対応を課がすることもあります。

■書類上の主な確認の例
　・金額が改ざんされたもの、また金額が明瞭でないもの
　・金額の訂正のあるもの
　・各片の金額または記載事項が一致していないもの
　・納入義務者の住所および氏名等が記載されていないもの
　・年度・科目・期別・通知書が不明なもの

---

07 / とりまとめ店での処理

収入事務③

送付内容の区分と確認

各支店で納入されたお金をとりまとめて管理します

とりまとめ店

BANK
BANK
BANK
BANK

各収納代理金融機関での処理が終わったら、とりまとめ店に収納金と納入済通知書等が送付されます。収納金は、とりまとめ店の会計管理者名義の口座に送金されます。納入済通知書等は紙なので、金融機関への連絡便などで送付されます。

とりまとめ店には、全国の支店で受け付けられた納入済通知書等が送付されます。金融機関内部の専門の部署で処理をした後、とりまとめ店に送付される場合もあります。

収納代理金融機関のとりまとめ店は、**自店以外の店舗から送付された収納金、納入済通知書等を自店分と合わせて区分**します。習志野市の場合は、OCR帳票（スキャナーでデータ化できる納入済通知書）の有無や収納金の種類などにより5区分に分類した区分表を作成してもらっています。

区分がされたら、その内容ごとに、**収入金の明細である「内訳の小票」を作成**します。この小票には、年度・会計・税額・延滞金等を記載してもらうとともに、作成した金融機関名と銀行名を記入の上、出納済印を押印します。

公金払込書・収入金小票の作成

　最後にとりまとめ店には**「公金払込書」**と**「収入金小票」**を作成してもらいます。

　公金払込書には、収納代理金融機関名・収納年月日・区分表ごとの納入済通知書等の枚数、金額・合計金額を記載してもらいます。さらに、区分された内容がOCR帳票以外の収入金は、収入金小票として税目ごとの税額・延滞金等を記載します。

　一般的に、収納代理金融機関とりまとめ店でとりまとめた納入済通知書等は、公金払込書・区分表・収入金小票と合わせて、翌営業日の午前10時までに指定金融機関の総括店に持参されます。

　また、収納代理金融機関のとりまとめ店のすべてに会計管理者名義の口座があります。そこで、書類と併せて、収納代理金融機関のとりまとめ店が収納した収納代理金融機関の会計管理者名義の口座から、指定金融機関の会計管理者名義の口座へ送金をしてもらいます。

08

指定金融機関での処理

金融機関の最終チェック

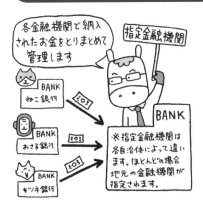

各金融機関で納入されたお金をとりまとめて管理します

指定金融機関

BANK ねこ銀行

BANK おさる銀行

BANK キツネ銀行

※指定金融機関は各自治体によって違います。ほとんどの場合地元の金融機関が指定されます。

指定金融機関の総括店では、収納代理金融機関のとりまとめ店と同様に、**収納金と納入済通知書等の受取・収納金の区分・「公金払込書」と「収入金小票」の作成等の処理**をします。

なお、金融機関の本部で公金の区分け作業や収納データの整理を行っており、総括店は、この本部が作成した収納データに、本部への未送付データ・振替データ・支払データを合算し、一日にどれだけのお金の出入りがあったかを記録する収支日計表を作成します。併せて、収入日の会計管理者名義の口座の残高と、日計表の残高との照合確認をします。そして、収入日の翌々営業日に、収支日計表・納入済通知書等が自治体の会計課に提出されることになります。

09

納入書類の区分け

❯ 会計課での作業に戻る

さてここで、ようやく自治体の会計課に話が戻ります。会計課の職員は、指定金融機関の行員から、日計表や納入済通知書等の書類を受け取った後、**納入書類の区分け**を行います。

書類を受け取った職員は、まず、内容の確認をします。指定金融機関の総括店でも確認している内容ですが、公金払込書の内容や納入済通知書等の区分に相違がないか、他市分が混入していないのかなどを、確認します。確認が終わったらいよいよ、「財務会計システム」に入力します。

❯ 財務会計システムと徴収システム

ここで、財務会計システムと徴収システム（税金以外は徴収ということではないので、収納システムになります）の違いについ

て確認をします。簡単な事例に置き換えて説明しましょう。

　調定金額：10,000円の内訳が、Aさん：2,000円、Bさん：1,000円、Cさん：3,000円、Dさん：4,000円とします。調定金額の内訳ごとに、納入通知書が送付されているとします。

　調定時の財務会計システムには、合計金額の10,000円が入力されます。件数が多い税金関係は、徴収システムにより処理がされ、Aさん、Bさん、Cさん、Dさんの4人分を個人別に入力します。

　これは、財務会計システムが、予算・決算のシステムであって、「款」「項」「目」「節」ごとのデータ管理を目的としているからです。すなわち、ここでいうAさんやBさんなどの納入義務者が「支払いを済ませたかどうか」ではなくて、**調定金額10,000円のうちいくらが収入済で、いくらが未収入であるかといったように、金額のみに着目して記録しているものなのです。**

　それに対して徴収システムでは、「Aさんから2,000円徴収できたかどうか」など**「誰がいくら収納したか」**が重要になってきます。Aさんから納付がなければ督促の手続きが必要であり、納期後に収める場合にはAさんに延滞金がかかる場合もあります。

　このような考えから、会計課での財務会計システムの入力事務にあたっては会計の種類や「款」「項」「目」「節」が同じものはまとめて入力されます。対して徴収システムでは、個人ごとに分けてデータを個別入力されます。

10 / 収入事務⑥
収入票の作成

入力内容を出力して伝票に

財務会計システムへの入力が終わったら、入力内容ごとに収入票を出力します。この収入票には、個人の収納額の合計金額が入力されています。したがって、元となったすべての個別の**納入済通知書を、収入票に添付**する作業を行います。この納入済通知書等は、納入義務者が税金などを納めたという大切な証拠書類になります。

納入済通知書の取り扱い

納入済通知書等には、納入義務者が収めた銀行名と日時の領収印があります。この領収印の日付が収納日であり、収入票の収入日は、指定金融機関の会計管理者名義の口座に入金された日です（P.117以下参照）。

この収納日が、法律的にも「納入義務者が支払った日」と解釈されます。そのため、この収納日を基準に延滞金などの計算も行う必要があります。そのため、この納入済通知書等は、歳入に直結する重要な書類ともいえます。ここでの収入票は、イメージとしては「収入伝票」だと思ってください。ほとんどの場合、会計課で作成されます。

　この収入票の取り扱いなどについて定められた、習志野市財務規則の例を紹介します。

■習志野市財務規則

（収入済みの記載等）

第 44 条　会計管理者は……総括店から収支日計報告書に添えて……領収済通知書等※10 の送付を受けたときは、歳入科目ごとに収入票を起票しなければならない。

※ 10 ──
　領収済通知者と納入済通知者は同じです。財務規則第 30 条第 1 項第 22 号様式では納入済通知書としています。

11 / 収入事務⑦ 収支日計表の作成

❯ 会計管理者の口座残高を一致させる

収入事務のうち最も大切な作業が、収支日計表の作成になります。指定金融機関の総括店で作成された日計表と財務会計システムで入力した収支日計表が同じ内容である必要があります。

指定金融機関の総括店での区分誤りなどの場合もありますが、その日に入金された金額や出金された金額の合計金額は変えられません。なぜなら、**入金・出金を加えて会計管理者名義の口座の残高とも一致させる必要がある**からです。

そのことから、財務会計システムで入力した内容の収支日計表の金額が合わないと大変です。ここだけは、1円でも相違があれば、すべての入力内容を確認する必要があるからです。

❯ 日計表の決まりごと

　日計表には、収入日計表と支出日計表の2種類がありますが、この2つの日計表を組み合わせたものを、**「収支日計表」**と呼んでいます。この収支日計表を月単位で組み上げたものを「収支月計表」と呼び、最終的には、決算の数字（1年間の自治体の収入と支出の状況を示すもの）になる重要な内容です。

　ここでも、習志野市財務規則の内容を紹介します。

■習志野市財務規則

（収入日計表等の調製）

第48条　会計管理者は、その日の収入を終了したときは、収入票を会計別及び科目別に区分し、これを歳入簿に編冊するとともに、収入票を会計別及び科目（款）別に集計し収支日計表にこれを記載して整理しなければならない。

（支出日計表等の調製等）

第109条　会計管理者は、その日の支出を終了したときは、支出関係決議書を支払日ごとに編てつして整理するとともに、会計別に集計し、収支日計表にこれを記載して整理しなければならない。

12

収入事務⑧

担当課に回付

❯ 担当課に収入金の記載・整理を依頼

きちんと収入されましたよ

納入済通知書

収入票

じゃあ確認します

収入票は、指定金融機関から受け取ったその日の夕方には会計課の確認を終え、担当課に納入済通知書を添えて返却します。収入担当課には、収入金の管理をしっかりするようお願いします。税関係などの収入金はしっかりと管理できていると思いますが、福祉部門などで手当関係の返還金の処理などは、**件数が少なく、歳入の管理ができていない場合も**あります。したがって、管理の仕方などは会計課で助言する必要があります。

習志野市財務規則では、以下の通り規定しています。

■習志野市財務規則

（収入済みの記載等）

第 44 条

……

3　会計管理者は……収入票を起票したときは、収入票に当該収入に係る領収済通知書等を添付して当該歳入の所管課帳にこれを回付しなければならない。

4　前項に規定する歳入の所管課長は、同項の規定により収入票及びこれに添付された領収済通知書等の回付を受けたときは、徴収簿等又は滞納繰越簿に収入済となった旨を記載整理しなければならない。

13

収入事務⑨

関係書類を整理する

▶ 関係書類を整理・保存

いよいよ、会計課での収入事務の最後の段階です。この段階は、歳入のまとめであるとともに、歳出のまとめでもあります。

会計課で、すべての処理が終わったら、関係書類を整理します。ここでいう書類とは、歳入の書類とともに歳出の書類も指します。

どのような書類があるのかを、習志野市の財務規則から見てみましょう。

■習志野市財務規則

（収入証拠書類）

第113条　収入の証拠書類は、次の各号に掲げるものとする。

(1)　収入票（証拠書用）

(2)　領収済通知書及びこれに相当する書類

(3)　公金振替済通知書

(4)　収入金計算書

(5)　前各号に定めるもののほか、収入票の起票の原因となった書類

（支出証拠書類）

第114条　支出の証拠書類は、次の各号に掲げるものとする。

(1)　支出負担行為決議書（会計課保存）

(2)　支出負担行為兼支出命令決議書（会計課保存）

(3)　支出命令決議書（会計課保存）

(4) 精算報告書（会計課保存）及びこれに係る歳出返納済通知書

(5) 振替命令書（元・先）（会計課保存）

(6) 契約書又は請書

(7) 請求書及び検査調書又は完了届

(8) 領収書又はこれに代わるべき書類

(9) 前各号に定めるもののほか、支出の原因となった事項を証明する書類

（以下省略）

▶ 監査委員のチェック

会計課で整理した書類は、会計管理者の職務権限で処理されたものです。でも、これらの書類をチェックする**監査委員**がいます。

監査委員の職務権限は、地方自治法第199条の規定で、自治体の財務に関する事務の執行を監査することと規定されています。会計課と特に密接に関係している部分としては、地方自治法第235条の2による、現金出納の検査及び公金の収納等の監査の規定があります。「現金の出納の検査」では、毎月、監査委員が検査をしなければいけないという規定になっています。

この月ごとの現金監査にあたって、監査委員の補助機関である監査事務局の職員が、事前監査ということで、会計課で整理した書類の内容を確認します。

会計管理者の権限で支出済みの伝票についても指摘を受けることがあります。指摘を受けた場合は、支出した現金を返納してもらわなければならないこともあります。このような指摘を受けな

いように、会計担当者は日々の会計事務をしっかり行う必要があります。

　ここで整理された書類が、自治体の決算の元となる資料ということになります。決算とは自治体の活動の成果であり、自治体の歴史になるということです。伝票などの１つひとつの書類が歴史を作っているともいえます。

14 / 収入事務についてのQ&A

Q1　指定金融機関からの書類の受取は、いつやるの？

A1　指定金融機関の総括店出張所や派出所は、自治体の会計課に隣接している場合がほとんどです。一般的には、午前9時には行員が書類を会計課に持参してくれます。行員が収入関係の書類だけではなく資金前渡職員へ渡す現金なども持ってきてくれます。生活保護費などに必要な大量の現金の場合などは別途、引き渡しを相談することもあります。

Q2　調定って何？　なんで必要なの？

A2　調定とは、自治体の歳入を徴収するとき自治体の長がその歳入の内容（所属年度・歳入科目・納入義務者・納入金額等）を調査し、収入すべきことを決定する内部意思決定行為です（P.111参照）。民間では「調定」という言葉がありません。民間の商取引では、物の売却や役務の提供をした場合に、その対価として現金をもらいます。この場合は因果関係がしっかりしているのでわかりやすいのですが、自治体の場合だと、税金などの収入はそうではありません。法律等の規定によりお金をもらうことになります。そのため、自治体はお金をもらう根拠などを、税金を払ってもらう住民に説明しなければな

らないのです。根拠が適正かをしっかり調べて、自治体の代表である長が、住民から税金を支払ってもらうことを決定します。調定行為は、会計管理者の権限でないことも再確認してください。しかし、現金の現実の収納および収納後における管理は、会計管理者の権限となります（第3章参照）。

Q3　財務会計システムとは何？

A3　財務会計システムは、自治体だけでなく、企業の経済活動を根底から支える IT システムの1つです。自治体の財務会計システムは1980年以降に導入されています。今ではどの自治体にも導入されているのではないでしょうか。予算措置がなされた内容を財務会計システムにデータ入力をすることにより、日々の予算執行の管理が可能となり、決算事務の効率化も図られています（P.140以下参照）。

　例えば、A 所管課のある事業の予算が100万円と桁数が大きくても、財務会計システムに入力するだけで、予算残額が確認できますし、予算額以上の入力をしようとしても財務会計システム上で制御がかかります。

Q4　なぜ収支日計表をつくるの？

A4　収支日計表は毎日の支出と収入を記録して、現金の残額などがわかるものになっています。収支日計表の現金残高（預金と現金を含みます）を通帳残高と現金の実査をすることにより、チェックすることができます。このように収支日計表上のその日の現金残高が正しいのかを毎日確認できます。併せて、収支日計表の積み重ねが収支月計表となり、その積み重ねが決算になります。このような意味から、収支日計表は重要な帳票です。

これだけは覚えよう会計用語（関連条文）索引

　会計担当者としてぜひ覚えてもらいたい内容です。地方自治法の会計・財政の基本となるものです。以下は、会計用語を端的に説明したものです。より詳しく確認した場合は根拠となっている法令の条文を確認してもらえればと思います。

★法…地方自治法、令…同施行令を表す。

■会計年度（法第208条第1項）

自治体の収入支出の区切りをつけるために設けられた期間。自治体の会計年度（会計期間）は毎年4月1日に始まり、翌年の3月31日に終わる。

■会計年度独立の原則（法第208条第2項）

各会計年度における歳出は、その年度の歳入をもって充てる。

■会計の区分（法第209条第1項）

一般会計及び特別会計とする。

■特別会計（法第209条第2項）

特定の事業を行う場合において、条例で設置することができる。

■総計予算主義（法第210条）

一会計年度における一切の収入及び支出は、すべてこれを歳入歳出予算に編入しなければならない。

■継続費（法第212条）

数年度を要する経費は、予算の定めるところにより、その経費の総額及び年割額を定め、数年度にわたって支出することができる。

■繰越明許費（法第 213 条）

歳出予算の経費のうち年度内に支出を終わらない見込みのあるものについては、予算を定めるところにより、翌年度に繰り越して使用することができる。

■債務負担行為（法第 214 条）

将来にわたる債務（経費の支出義務）を負う契約を結ぶこと。

■予備費（法第 217 条第 1 項）

予算外の支出又は予算超過の支出に充てるため歳入歳出予算に計上しなければならない経費。

■補正予算（法第 218 条第 1 項）

当初予算成立後に発生した事由によって、追加及び変更するように組まれた予算。

■暫定予算（法第 218 条第 2 項）

年度開始までに本予算が成立しない場合に、本予算成立までの期間にかかる暫定的な予算。

■事故繰越し（法第 220 条第 3 項）

年度内に支出負担行為を行い、避けがたい事故のために年度内に支出が終わらなかったものを翌年度に繰越して使用すること。

■地方税（法第 223 条）

自治体が法律の定めにより課税し、自治体に対して納付する税金。

■過年度支出（令第 165 条の 8）

過年度に属する経費を現年度の予算から支出すること。

■過年度収入（令第160条）

過年度に属する収入を現年度の収入に入れること。

■翌年度歳入の繰上充用（令第166条の2）

自治体が不測の事態により、会計年度経過後に至って歳入が歳出に不足するときに、翌年度の歳入を一時繰り上げて処理する方法。

■出納整理期間（法第235条の5）

会計年度経過後、当該年度に属する歳入歳出予算執行後に前年度の収入・支出の経理を行うことができる期間、すなわち翌年4月1日から5月31日までの2か月をいい、その最終日である5月31日を出納閉鎖日（出納閉鎖期日）という。

■支出負担行為（法第232条の3）

自治体の支出の原因となるべき契約その他の行為。

■支出命令（法第232条の4第1項）

自治体の長は、当該団体の歳出につき、会計管理者に対し、その支出を命令すること。

■支出命令審査権（法第232条の4第2項）

会計管理者は長の支払命令を受けた場合でも、その支出負担行為の内容が法令又は予算に違反してないこと及び債務が確定していることを確認した上でないと支出することはできない。

■資金前渡（法第232条の5第2項・令第161条）

職員に概算的な金額を前渡しし、職員がその中から債権者に支払う方法。

■概算払（法第232条の5・令第162条）

債権者にあらかじめ概算的な金額を支出し、後に金額が確定した段階で精算を行う方法。

■前金払（法第232条の5・令第163条）

債務の額は確定しているものについて、支払いの時期が到来する前に債権者に支出する方法。

■繰替払（法第232条の5・令第164条）

歳入の徴収又は収納の委託手数料など、それぞれの歳入金から一時繰り替えて使用する支出する方法。

■隔地払（法第232条の5・令第165条）

債権者が外国や隔地（遠隔地）いる等のなかで支払いをする必要がある場合に、支払場所を指定し、指定金融機関に対し支払いに必要な資金を交付して送金の手続きをさせ、その旨を債権者に通知して行う支払い方法。

■口座振替払（法第232条の5・令第165条の2）

債権者からの申出によって、自治体の会計管理者名義の口座から債権者の預金口座へ振り替えて支出する方法。

■決算（法第233条・令第166条）

一会計期間の歳入歳出予算の執行の結果実績を表示した計算表。

■歳計剰余金（法第233条の2）

一会計年度における歳入金から歳出金を差し引いて生じる剰余金をいう。

■一時借入金（法第 215 条・法第 235 条の 3）

歳入と歳出とが均衡を欠いて、一時資金に不足を生じた場合に、その救済の手段としてなされる自治体の単年度の借入金をいう。

■調定（法第 231 条・令第 154 条第 1 項）

自治体の長が歳入の内容を調査して収入金額等を決定する行為。

■納入の通知（法第 231 条・令第 154 条）

自治体（長）が歳入の調定をし、納入義務者に対して、その収入を納入する旨を対外的に表示する行為。

■収納（法第 149 条・170 条）

支払いに対する語で、現金を受領する行為。【関係語】収入・徴収

■指定金融機関（法第 235 条・令第 168 条）

自治体の議決を経て、金融機関のうちから一を指定し、自治体の公金の収納および支払いを取り扱わせるものをいう。

■収納代理金融機関（法第 235 条・令第 168 条）

自治体の長が指定する金融機関で、指定金融機関の取り扱う収納事務の一部のみを代理して取り扱うものをいう。

■戻入（令第 159 条）

歳出の誤払いや過渡しとなった金額を元の支出した経費に戻し入れること。

■戻出（還付）（令第 165 条の 7）

歳入の誤納や過納となった金額を還付すること。

おわりに

　本書は図表やイラストを採り入れて、会計業務をわかりやすく理解してもらえるように心がけて執筆しました。読者の皆さんに「参考になった」「業務に役立つ」などと感じていただければ光栄です。

　本書の発刊現在、新型コロナウイルス感染症の影響から、世の中の働き方の変革が求められています。ここはピンチではなくチャンスとみて、自治体の会計業務も「テレワーク」の推進と「迅速な会計処理」を見直す機会です。まず、テレワーク導入には紙ベースの決裁からの脱却と「印鑑」の文化の見直しが必要です。電子決裁やリモート会議が日常的になれば、テレワークでの業務が可能になるでしょう。もうひとつの課題は「迅速な会計処理」です。今回、各自治体において、国が一律10万円を支給する「特別定額給付金」給付の事務を行いました。多くの自治体が迅速な支給ができませんでした。申請不備やシステム上の問題なども露呈しました。緊急時には、首長判断を得て、会計管理者の責任で、正当債権者に1日でも早く給付することを優先する選択肢もあるのではないかと感じました。

　最後に、本書の執筆のきっかけをつくってくださった学陽書房編集部の松倉めぐみ氏には本書の企画段階からお付き合いいただきました。また、本書のわかりやすいイラストを担当していただいた株式会社ぷるかの坂木浩子氏にはお世話になりました。関係者諸氏に心からの謝意を表したいと思います。

令和2年6月

宮澤正泰

●著者紹介

宮澤　正泰（みやざわ・まさやす）

株式会社システムディ公会計ソリューション事業部顧問、宮澤公会計研究所代表、政府会計学会（JAGA）会員。元千葉県習志野市会計管理者。地方監査会計技術者（CIPFA Japan）。1級ファイナンシャル・プランニング技能士。宅地建物取引士。
今までに総務省「地方公営企業法の適用に関する調査研究会」委員及び「地方公共団体における固定資産台帳の整備等に関する作業部会」委員、「今後の新地方公会計の推進に関する実務研究会」サブメンバー、「地方公会計の活用の促進等に関する研究会」委員。財務総合政策研究所「公共部門のマネジメントに関する研究会」委員、NPO法人日本FP協会千葉支部副支部長、東京都江東区「外部評価委員会」委員、日本公認会計士協会「地方公共団体会計・監査部会」オブザーバーなどを務める。
主な著書は『公会計が自治体を変える！　バランスシートで健康チェック』（第一法規）、『公会計が自治体を変える！　Part2 単式簿記から複式簿記へ』（第一法規）、『公会計が自治体を変える！　Part3 財務データの分析は行政改革の突破口』（第一法規）、『公共部門のマネジメント（共著）』（同文舘出版）、『自治体議員が知っておくべき新地方公会計の基礎知識』（第一法規）、『自治体の会計担当になったら読む本』（学陽書房）など。
一般社団法人英国勅許公共財務会計協会日本支部（CIPFA Japan）から2016年度 MITSUNO AWARD を地方公会計教育の へ貢献により受賞。

はじめての自治体会計0からBOOK

2020年7月10日　初版発行
2023年8月4日　3刷発行

著　者　宮澤正泰（みやざわまさやす）

発行者　佐久間重嘉

発行所　学陽書房

〒102-0072　東京都千代田区飯田橋1-9-3
営業部／電話　03-3261-1111　FAX　03-5211-3300
編集部／電話　03-3261-1112
http://www.gakuyo.co.jp/

ブックデザイン／スタジオダンク　DTP制作・印刷／精文堂印刷
製本／東京美術紙工

会計事務の次のステップを踏みたい方へ

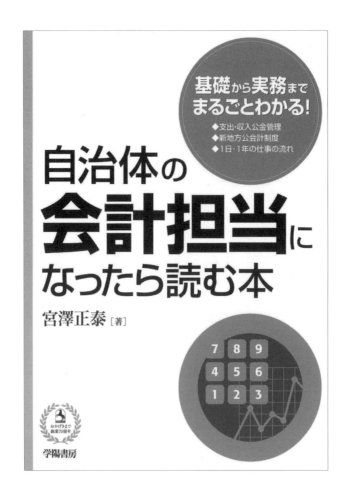

A5判・並製・208ページ　定価＝本体 2,400円＋税

●収入・支出の事務をもっと理解したい！　収入・支出事務だけでなく、契約事務や公会計の仕組みについても詳しくなりたい！　そんな思いを叶えるのはこの1冊。ぜひ『はじめての自治体会計0からBOOK』とあわせてご活用ください！